一人ぶんから作って、食べて、ほっとする

もっとラクうまごはん

瀬尾幸子

新星出版社

簡単だから
おいしい。

この本のテーマも、前作『ラクうまごはん』と同じく1人、2人の小量ごはんからおいしくカンタンに作ること。前作よりもさらにもっと、おススメのレシピを集めました。

　私がよく作るメニューは「カンタンなのにおいしい」ではなく「カンタンだからおいしい」もの。最低限の調味料、少ない手間で作るお料理ほど、当然失敗も少なくなります。

　たとえば私は、肉じゃがなどの肉を使った煮物に、だしは使いません。肉の旨みと、だしの旨みのバランスをとるのが難しくなるから。お肉の旨みだけでも、十分おいしい煮物ができるんです。もちろん手間や時間をかけるほどおいしくなるお料理もありますが、それは休みの日に楽しみながら作ったり、プロの方におまかせしちゃいましょう。日々のごはんは、作ることが負担にならないくらいカンタンで、そしてやっぱりおいしくなくちゃ。

　自分でごはんを作ることのよいところは、自分の体調や好みに合わせられること。この本を読んでいただいた方に、「料理を作るハードルが下がった」「家でごはんを食べる日が増えた」と言っていただけたら、こんなにうれしいことはありません。

3 簡単だからおいしい。

8 サラダという名のじつはちゃんとしたおかず。
ゆで野菜、ゆで肉を活用しましょう。

9 レンジポテサラ
10 ゆで鶏とオクラのゴマサラダ
11 半生イカとトマトの中華風サラダ
12 ゆで豚と野菜のピリ辛サラダ
14 牛肉とごぼうの和風サラダ

【簡単だからおいしい話】
同じ料理でも目先が変わる
〝なんでも〟巻き包み。

16 〝なんでも〟卵巻き　ソースやきそば
17 〝なんでも〟春巻き　トマト＋チーズ＋オクラ・ポテトサラダ

18 おかず小皿はパパッともう一品欲しいときに。
軽く飲みたいときのおつまみにも。

18 カボチャのオリーブオイル焼き

〈チンしたジャガイモのおつまみ3種〉
20 ジャガイモの塩辛のせ
20 ジャガイモの塩昆布和え
20 ジャガ明太マヨネーズ

〈あっという間のカンタン和え物〉
22 小松菜とゆで鶏のからし和え
22 エビとインゲンのゴマ和え
22 ゆで卵のみそ和え
24 五目野菜ナムル
25 コンビーフとカッテージチーズのパテ風
26 手羽先のオーブントースター焼き
27 スルメイカのイタリア風炒め
28 油揚げのピザ
29 大根と豚肉の重ね蒸し

【簡単だからおいしい話】
オーブントースターの遠赤外線効果は、
〝おかず小皿〟にも強い味方。

30 長いもホワイトソースの和風グラタン

32 完全汁物はその名の通り、野菜も肉もたっぷり。
パンやご飯といっしょなら、立派な一食に。

32 お二人様おでん

34 鶏ワンタン
35 牛すじとカブのポトフ
36 キャベツと豚肉のトマトスープ
38 ネギとベーコンの麩入りスープ
39 厚揚げとセリの豆乳スープ

40 **鮭・ブリ・鯛**などの魚は
切り身を活用すれば、
料理のハードルがぐっと下がります。

40 鯛の煮付け
42 鮭と厚揚げのみそ煮
43 鮭のガーリックオイル焼き
44 ブリの照り焼き
45 ブリのゆずこしょう焼き
46 カジキマグロのパン粉揚げ
48 鯛の塩焼き
49 カジキマグロの香り蒸し

【簡単だからおいしい話】
しらすだって丸ごとの魚。
冷凍しておくと重宝します。
50 釜揚げ風しらす丼
51 中日めん

52 **エビ・イカ**は〝焼き〟と〝半生ゆで〟の保存ワザで、
パック買いしても食べきれます。

53 イカの半生ゆで
53 焼きエビ
54 エビ玉チリソース炒め
56 エビの殻だしスープ
57 イカとキュウリの中華和え
58 イカメンチ
59 イカとシシトウのショウガ炒め

60 **豆腐**の守備範囲は
メインからおつまみまで幅広い！
冷蔵庫にいつでも一、二丁を。

61 塩ネギやっこ
62 豆腐入り肉団子のタレ焼き
64 豆腐の甘い卵とじ
65 豆腐ときのこのバターしょうゆ焼き

【簡単だからおいしい話】
豆乳は和・洋・中の
幅広い料理に使える万能選手。
66 豆乳粥

68
ひき肉&ひらひら肉は、
さっと火が通る、
時短がうれしい食材です。

70 ちぎりひき肉と白菜のスープ
71 豚肉とタマネギのケチャップ炒め
72 鶏ひき肉とナスの田舎煮
73 ひらひら豚肉の柳川
【簡単だからおいしい話】
ひき肉高菜炒めを作っておけば、
ご飯にめんに、大活躍！
74 豚ひき肉の高菜炒め

76
塊《かたまり》肉や**牛すじ**は
お得だけど1人分じゃ買いづらい。
でも下ごしらえ次第で便利な食材に。

76 牛肉のたたき
〈牛肉のたたきおかず3種〉
78 牛たたきのサラダ
78 牛たたきの長いも和え
78 牛たたきのオードブル風
80 牛すじの韓国風スープ
82 牛すじの赤みそシチュー
83 牛すじと里いもの甘辛煮

84
うちのカレーは
インド風からおそば屋さんのカレーまで
食べたいときにすぐ作れるお手軽カレー。

86 トマトカレー
88 ひき肉ヨーグルトカレー
89 タコライス風ドライカレー
90 ゆで大豆とひき肉のカレー
91 おそば屋さんの和風カレー

92
缶詰、乾物で作る
そうは見えないおいしい一品。
買い物ができない日、家ごもりの日に。

92 サクラエビのペペロンチーノ
94 粒コーンとベーコンのかき揚げ
95 ツナ缶餃子
96 麩チャンプルー
97 切り干し大根とホタテのサラダ
98 わかめのショウガ炒め
99 キクラゲの卵炒め

100
めん、ご飯はパンチを効かせるひと工夫で
シンプルな具材でも満足感がアップ。

100 ぶっかけそうめん
102 ソース&しょうゆの焼きうどん
103 鶏南蛮うどん
104 辛いチャーシュー和えめん
106 油揚げときのこのしょうゆ焼きそば
107 レンジで作る牛ごぼうめし
108 ニンニクとほうれん草の塩チャーハン
109 ショウガ焼き飯
110 ふんわりパエリア

112
パンは1斤、1本で買って冷凍しておけば、
ムダなく食べきれます。

112 フレンチトースト
〈変わりトースト3種〉
114 みそトースト+スクランブルエッグ
114 しょうゆチーズトースト
114 たらマヨトースト
116 ホットサンド ハムチーズ・卵マヨ

118
甘いものをちょっと食べたいとき、
こんな保存食があると便利です。

120 煮るだけかんたんジャム イチゴジャム・リンゴジャム
121 冷凍フルーツドリンク バナナ牛乳・キウイラッシー
122 ピーナッツバターもち
123 冷たいアジア風お汁粉
124 素材別さくいん

この本を使う前に

●材料と作り方は、やや多めの1人分を基本としていますが、レシピによっては作りやすい分量で表記しています。
●大さじ1は15mℓ、カレーを食べるスプーンぐらい、小さじ1は5mℓ、ティースプーンぐらいで、いずれもすりきりで量ります。
●米1合は180ccです。
●しょうゆは濃口しょうゆ、バターは有塩バター、砂糖は上白糖を使用しています。みそは大豆と米と天然塩だけで作られたものがおすすめです。
●豆腐は木綿と絹ごしどちらでもかまわない場合は、豆腐としていますが、エネルギー量は便宜上、木綿豆腐で計算しています。
●電子レンジの加熱時間は500Wを目安にしています。600Wの場合は2割減の時間で加熱してください。
●オーブントースターは機種によって設定できるW数が異なる場合があるので、掲載のW数、時間を参考に、焼き具合を見ながら加減してください。
●エネルギー量表記は『日本食品標準成分表2010』をもとに算出しています。
●エネルギー量計算はとくに表記がない限り、材料の分量で計算しています。材料の「あれば」「好みで」は計算に含んでいません。豚肉はすべて肩ロース肉で計算しています。

サラダという名の
じつはちゃんとしたおかず。
ゆで野菜、ゆで肉を活用しましょう。

野菜をとりたいな、と思ったとき、まず頭に浮かぶのがサラダ。でも生野菜＋ドレッシングだけがサラダではありません。具材や味付けによっては、おかずにもなる一品に。たとえば野菜や肉をゆでて保存しておけば、和えるだけでボリュームのあるサラダがカンタンにできます。ゆで野菜はサラダだけでなく、煮物や炒め物に使ったり、焼き物や揚げ物に添えたりと大活躍。そのつど野菜を洗ってゆでる手間がなく、調理時間も短くなるので、お料理がぐっとラクになります。肉類も同様です。

傷みやすい青菜や薄切り肉は、買ったらまずは一度にゆでてしまいましょう。生のままよりも日持ちするので、少人数でも材料をムダなく使いきれるのも、ゆで野菜、ゆで肉のうれしいところです。

レンジポテサラ

電子レンジでチンのらくちんポテトサラダ。

冷蔵庫で4～5日持つので、お弁当にも。

418kcal

材料［1人分］

- ジャガイモ … 1個
- タマネギ … 1/8個
- キュウリ … 1本
- ハム … 3枚
- 塩 … 少々
- マヨネーズ … 大さじ2
- 牛乳（水でもよい）… 大さじ1
- コショウ… 少々

作り方

1 ジャガイモは洗って、濡れたままラップに包み、電子レンジ強（500w）で4分加熱する。竹串がすっと入るくらいに火が通ったら、**手で皮をむき**、熱いうちにつぶす。

熱くて無理という人はゴム手袋を

2 タマネギは薄切りにして塩少々を振って軽くもむ。キュウリは薄い輪切りにして塩少々を振って軽くもみ、しんなりしたら水気を絞る。ハムは1.5㎝角に切る。

3 ジャガイモが冷めたら、2とマヨネーズ、牛乳、コショウを入れて混ぜる。

ゆで鶏とオクラのゴマサラダ

マヨネーズを使えばバンバンジー風のタレがカンタンに。おつまみにもなる、しっかり味のサラダです。

354kcal

材料［1人分］

ゆで鶏もも肉(P.15)… 1/2枚
ゆでオクラ(P.13)… 4本

［ドレッシング］
すりゴマ(白)… 大さじ1
マヨネーズ … 大さじ1
ポン酢 … 小さじ1
ラー油(好みで)… 小さじ1/2

作り方

1 鶏肉は一口大に切る。
2 オクラは斜め1cm幅に切る。
3 ドレッシングの材料を合わせ、鶏肉とオクラを和える。

半生イカとトマトの中華風サラダ

飽きてしまったドレッシングのビンが冷蔵庫で眠っていませんか？
自分で作れば好みの味で、食べる分だけ作れます。

105kcal

材料［1～2人分］

半生イカ(P.53)… 1/2杯
トマト … 1/2個

［ドレッシング］
しょうゆ … 大さじ1/2
酢 … 大さじ1/2
砂糖 … 小さじ1/2
ゴマ油 … 小さじ1/2
ショウガすりおろし … 小さじ1/2

香菜《シャンツァイ》(あれば)… 少々

作り方

1 半生イカは食べやすい大きさに切る。トマトはヘタをとり、2㎝角に切る。
2 **ドレッシングの材料を混ぜ**、イカとトマトを和える。
3 器に盛り、あれば香菜のざく切りをのせる。

砂糖が溶けるまでよく混ぜて

半生
イカ

ゆで豚

ゆで豚と野菜のピリ辛サラダ

生の春菊の場合は、もやしといっしょにチンしてもOK。その場合は水分が出るので、水気をきってから和えましょう。

173kcal

材料［1〜2人分］

ゆで豚薄切り（P.15）… 60g
ゆで春菊（P.13）… 2本
もやし … 1/2袋分

［ピリ辛ソース］
長ネギみじん切り … 5cm分
ショウガみじん切り … 小さじ2
ニンニクみじん切り … 小さじ1/2
しょうゆ … 小さじ2
酢 … 小さじ2
ゴマ油 … 小さじ2
豆板醤 … 小さじ1/4

作り方

1 豚肉は食べやすい大きさに切る。春菊は2cmくらいに切る。
2 もやしは耐熱容器に入れ、ラップをかけて電子レンジ強（500w）で2分加熱する。
3 ピリ辛ソースの材料を混ぜ、豚肉、春菊、もやしを和える。

青菜はゆでて、絞らずに冷蔵保存

傷みやすい青菜類は、塩ゆでしておけば5日〜1週間はおいしく食べられます。保存するときのコツはなるべく手で触らないこと。絞らずに保存容器に入れて冷蔵し、使うときに使う分だけ絞ります。入れづらい場合は保存容器の大きさに合わせて切って入れてもOK。ゆでる際の塩の量は、お湯1ℓに対して小さじ1くらい。写真は左上から時計周りに小松菜、ほうれん草、オクラ、カブの葉、インゲン、春菊。オクラはゆでるときにガクの部分をとっておけば、全部食べられます。

ゆで牛

牛肉とごぼうの和風サラダ

ごぼうはよく洗えば、皮むき・あく抜きなしで大丈夫。
冷やさず人肌でいただくのがおいしいサラダ。

308kcal

材料［1人分］

ゆで牛薄切り（P.15、生でもよい）… 60g
ごぼう（細いもの）… 1/2本（30g）
ゴマ油 … 小さじ1
水 … 大さじ2

［ドレッシング］
マヨネーズ … 小さじ2
しょうゆ … 小さじ1
ゆずこしょう … 小さじ1/3

サラダ菜（あれば）… 適量

作り方

1 牛肉は3㎝幅に切る。ごぼうはタワシでこすって洗い、斜め薄切りにする。

2 フライパンにゴマ油を中火で熱し、**ごぼうをしんなりするまで炒める**。牛肉を加えてさっと炒め、水を加えて水気がなくなったら火を止める。

透明感が出るまでよく炒めて

3 ドレッシングの材料を合わせ、牛肉、ごぼうの粗熱がとれたら和える。あればサラダ菜を器に敷き、盛りつける。

薄切り肉や鶏肉は、ゆで汁ごと保存

使いやすい牛や豚の薄切り肉は、傷みやすいのが難点。これも野菜同様ゆでておけば5日〜1週間くらい冷蔵保存できます。鶏肉も塊のままゆでておくと、いろいろな料理にさっと使えて便利です。肉類をゆでるときのコツはゆで汁に顆粒鶏スープの素を入れること。目安は1ℓのお湯に対して小さじ1くらい。旨みが加わっておいしくなります。ゆでた肉が空気に触れてパサつかないよう、ゆで汁ごと保存しましょう。ゆで汁にも旨みが出ているので煮物やスープに活用して。

簡単だからおいしい話

同じ料理でも目先が変わる〝なんでも〟巻き包み。

たとえばお弁当には前日のおかずを活用したいけど、全く同じものだとちょっと残念。そこでおススメなのが〝なんでも〟巻き包み。薄焼き卵に包んだり、春巻きの皮で包んで揚げるだけで、目先が変わっておいしく食べられます。詰めやすいところもお弁当向き。

　また、卵焼きを上手に作るには2個以上の卵が必要ですが、薄焼き卵なら1個でもOKなので、一人分のおかずにぴったりです。

“なんでも”卵巻き ソース焼きそば

168kcal

材料［1人分］

卵 … 1個
ソース焼きそば … 適量

塩 … 少々
サラダ油 … 少々

作り方

1 卵に塩少々を加えて割りほぐす。フライパンにサラダ油を中火で熱し、卵を流し入れて全体に広げる。

2 具をのせて巻き、食べやすい大きさに切る。

具を真ん中より手前にのせ、手前、左右の順で折って、手前から巻く。

“なんでも”春巻き
トマト+チーズ+オクラ、
189kcal
ポテトサラダ
125kcal

材料［2種類各2本分］

春巻きの皮 … 4枚
ゆでオクラ（P.13）… 2本
カマンベールチーズ … 1/4個
トマトくし形切り … 2切れ
ポテトサラダ（P.9）… 1/2カップ

コショウ … 少々
小麦粉 … 少々
水 … 少々
揚げ油 … 適量

作り方

1 春巻きの皮2枚にそれぞれ、オクラ、半分に切ったカマンベールチーズ、トマトをのせる。コショウを振って包み、巻き終わりを水で溶いた小麦粉をのりにしてとめる。

2 残り2枚の春巻きの皮にポテトサラダをのせて包み、同様にとめる。

3 170℃の油でカリッとするまで揚げる。

［卵巻き具材例］ウナギの蒲焼き、焼肉やすき焼きの残り、焼き鳥など
［春巻き具材例］ほうれん草のゴマ和え+マヨネーズ、ひじきの煮物+スライスチーズ、ゆで豚薄切り+高菜など

おかず小皿は
パパッともう一品欲しいときに。
軽く飲みたいときのおつまみにも。

メインのおかず以外に、もう一品欲しいな、というとき、短時間でパッと作れる〝おかず小皿〟のレパートリーがたくさんあると、食卓が華やかに。メイン＋ご飯だけでなく副菜がいくつかあれば、気持ちが満足して、ご飯を食べ過ぎない気がします。家で少し飲みたいなというときも、スナック菓子じゃ味気ない。友人を呼んでの家飲みで、もう少し何かつまみたいな、というときにも〝おかず小皿〟の出番です。

25ページで紹介しているパテは、最初にこれさえ出しておけばしばらく間がもつので、その間に他の料理が作れます。〝おかず小皿〟のポイントは、家にある素材でとにかくさっと作れること。これにも下ごしらえした野菜や肉、イカやエビが大活躍してくれます。

材料［1〜2人分］

カボチャ … 1/8個（250g）
ニンニク … 1片

オリーブオイル … 大さじ1
塩 … 小さじ1/4
コショウ … 少々

作り方

1 カボチャは種をとり、一口大に切る。ニンニクは薄切りにする。

1/4個（500g）の場合は7分

2 カボチャを耐熱容器に入れてラップをかけ、電子レンジ強（500w）で**4分加熱する**。器に出た水分は捨てる。フライパンにオリーブオイルとニンニクを入れて弱火にかけ、ニンニクの香りが出たらカボチャを入れる。

3 中火で全体に**焦げ目がつくように焼き**、塩、コショウで調味する。

あまりひっくり返さずにしっかり焼いて

カボチャのオリーブオイル焼き

カボチャは1／4個から
売っていることが多いので一度にチンして。
使わない分は冷蔵しておけば
サラダやおみそ汁に、すぐに使えます。
208kcal

チンしたジャガイモのおつまみ３種

電子レンジでチンしたジャガイモにお好みのものをのせたり、和えたり。それだけで立派な一品になります。ジャガイモには味を付けていないので、塩気の強いものを合わせるのがおススメ。

ジャガイモの塩辛のせ

175kcal

材料［1人分］

ジャガイモ … 1個（150g）
バター … 小さじ1.5
イカの塩辛 … 大さじ1
黒コショウ（好みで）… 少々

作り方

1 ジャガイモは洗って濡れたままラップに包み、電子レンジ強（500w）で4分加熱する。
2 熱いうちに皮をむき、四つ割りにしてバターと塩辛をのせ、好みで黒コショウを振る。
3 ジャガイモにからめながら食べる。

ジャガイモの塩昆布和え

158kcal

材料［1人分］

ジャガイモ … 1個（150g）
塩昆布（細切り）… 20g
バター（好みで）… 小さじ1

作り方

1 ジャガイモは洗って濡れたままラップに包み、電子レンジ強（500w）で4分加熱する。
2 熱いうちに皮をむき、食べやすい大きさに切って塩昆布とバター（好みで）で和える。

ジャガ明太マヨネーズ

233kcal

材料［1人分］

ジャガイモ … 1個（150g）

［明太マヨネーズ］
明太子 … 大さじ2
マヨネーズ … 大さじ1
コショウ … 少々

万能ネギ小口切り … 少々

作り方

1 明太マヨネーズの材料を混ぜる。
2 ジャガイモは洗って濡れたままラップに包み、電子レンジ強（500w）で4分加熱する。
3 熱いうちに皮をむき、食べやすい大きさに切って明太マヨネーズをのせ、万能ネギを散らす。

小松菜とゆで鶏のからし和え

137kcal

材料［1人分］

ゆで小松菜（P.13）… 1株
（ほうれん草、春菊など青菜はなんでも可）
ゆで鶏もも肉（P.15）… 1/4枚
めんつゆ（3倍濃縮タイプ）… 小さじ2
練りからし…小さじ1/2

作り方

1 小松菜は水気を絞り、ざく切りにする。ゆで鶏は2cm角に切る。
2 めんつゆに練りからしを入れて溶き、小松菜とゆで鶏を和える。

エビとインゲンのゴマ和え

122kcal

材料［1人分］

焼きエビ（P.53）… 3尾
ゆでインゲン（P.13）… 6本
白すりゴマ … 小さじ2
めんつゆ（3倍濃縮タイプ）… 小さじ1
マヨネーズ … 小さじ1

作り方

1 焼きエビは殻をむき、食べやすい大きさに切る。ゆでインゲンはざく切りにする。
2 すりゴマ、めんつゆ、マヨネーズを合わせ、エビとインゲンを和える。

ゆで卵のみそ和え

105kcal

材料［1人分］

好みの硬さのゆで卵 … 1個
万能ネギ小口切り … 1本分
かつおぶし … 少々
みそ … 小さじ2
水 … 小さじ1
七味唐辛子（好みで）… 少々

作り方

1 ゆで卵は殻をむいて粗く切る。
2 みそを水でのばし、ゆで卵を和える。
3 万能ネギとかつおぶしを散らし、好みで七味唐辛子を振る。

あっという間のカンタン和え物

もう一品欲しいときや、
もう少し野菜をとりたいときに、
和え物は大活躍。
ゆでた野菜やお肉があれば
調味料と和えるだけ。
ここでは基本の味付けを
紹介しているので、
自分の好みでアレンジしてみて。

五目野菜ナムル

すべての野菜をいっしょにチンする、超かんたんナムル。
ご飯にのせてビビンパにすれば野菜たっぷりの一食に。

133kcal

材料［作りやすい分量］

もやし … 1袋
小松菜 … 1株
ニンジン … 20g
シイタケ … 2個

顆粒鶏スープの素 … 小さじ1/4
ニンニクすりおろし … 小さじ1/6
塩 … 小さじ1/4
コショウ … 少々
しょうゆ … ひとたらし
ゴマ油 … 小さじ2

白いりゴマ … 適量
コチュジャン（好みで）… 適量

作り方

1 もやしは気になるようならひげ根をとる。小松菜は3cmに切る。ニンジンはせん切り、シイタケは石づきをとって薄切りにする。

2 1を混ぜ、耐熱容器に入れてラップをかけ、電子レンジ強（500w）で4分加熱する。

3 容器に出た水分を捨て、すべての調味料を入れて混ぜる。器に盛って白いりゴマを振り、好みでコチュジャンを添えていただく。

コンビーフとカッテージチーズのパテ風

友だちとの家飲みや、ホームパーティにおススメ。
忙しいときの朝ごはんにも。

565kcal

材料［作りやすい分量］

コンビーフ（脂の少ないタイプ）… 1缶（100g）
カッテージチーズ
（裏ごししてあるもの）… 大さじ5
万能ネギ小口切り … 3本分
コショウ … 少々

フランスパン（クラッカーなどでも）… 適量

作り方

1 コンビーフを缶から出して粗くほぐす。
2 カッテージチーズ、**万能ネギ**、コショウを加え、むらなく混ぜる。
3 フランスパンやクラッカーなどにつけていただく。

一度に
食べない場合は
食べる分にだけ
万能ネギを混ぜる

手羽先のオーブントースター焼き

塩を振って焼くだけの、目からウロコの極上つまみ。
コチュジャンのピリ辛にお酒もすすみます。

137kcal

材料［1〜2人分］

- 手羽先（半分に切ってあるもの）…８本
- 塩…少々
- コチュジャン…小さじ1
- みそ…小さじ1

作り方

チキンスペアリブという名前で売っています

1. **半分に切ってある手羽先**に塩を軽く振る。
2. アルミホイルを敷いたオーブントースター（1000w）で15分ほど、焦げ目がつくまで焼く。
3. コチュジャンとみそを混ぜたものを添え、付けていただく。

スルメイカのイタリア風炒め

イカをやわらかく仕上げるコツはとにかく火を通し過ぎないこと。オリーブオイル＆ニンニクで、ワインにぴったりのイタリア風に。

193kcal

材料［1人分］

半生イカ（P.53）… 1/2杯
ニンニク … 1片
パセリのみじん切り … 大さじ1

オリーブオイル … 小さじ2
塩 … 小さじ1/4
コショウ … 少々
レモン（好みで）… 少々

作り方

1 ニンニクはみじん切りにする。

2 フライパンにオリーブオイルとニンニクを入れて弱火にかけ、ニンニクの香りが出たら中火にしてイカとパセリを加えて炒める。

3 イカに火が通ったら、塩・コショウで調味する。好みでレモンを絞っていただく。

イカの透明感がなくなったらOK

油揚げのピザ

油揚げをピザ生地に見立てた和風ピザ。**ネギをこれでもか!と、どっさりのせる**のがおいしさの秘訣。

299kcal

材料［1人分］

- 油揚げ … 1枚
- しらす … 30g
- 長ネギ小口切り … 1本分
- ピザ用チーズ … 30g

しょうゆ … 小さじ1

作り方

1. 油揚げは紙タオルにはさんで強く押し、余分な油をとる。
2. 油揚げにしょうゆを塗り、しらす、長ネギ、チーズの順番でのせる。
3. オーブントースター(700w)で10～12分焼き、食べやすい大きさに切る。

大根と豚肉の重ね蒸し

重ね蒸しといえば白菜と豚肉がポピュラーですが、大根と豚肉も相性よし。大根は**できるだけ薄く切って。**

332kcal

材料［1人分］

大根 … 7cm
豚しゃぶしゃぶ用（ゆで豚でも可、P.15）… 4枚（100g）
大葉せん切り … 5枚分

サラダ油 … 少々
ポン酢 … 適量

作り方

スライサーを使ってもOK

1 大根は皮をむいて**薄い半月切り**、豚肉は4㎝長さに切る。
2 フライパンにサラダ油を薄くひき、大根・豚肉・大根・豚肉と重ねて入れ、ふたをして弱火で7分蒸し焼きにする。
3 器に盛り、大葉をのせ、ポン酢をかけていただく。

簡単だからおいしい話

オーブントースターの遠赤外線効果は、〝おかず小皿〟にも強い味方。

オーブントースターは、パンやおもちを焼くだけでなく、いろいろな料理に活用できます。アルミホイルを敷けば、魚や肉を焼くのもオーブントースターでOK。遠赤外線効果で外はカリッと、中はジューシーに焼きあがります。じつは厚揚げはオーブントースターを使って焼くのが一番おいしいんですよ。グラタンも1人分ならオーブントースターで十分。余熱がいらないので、オーブンよりも手軽に焼けます。

材料［1人分］

エビ（焼きエビでも可、P.53）… 4尾
長ネギ小口切り … 1/2本分

［ホワイトソース］
長いもすりおろし … 100g
牛乳 … 100cc
みそ … 小さじ2
顆粒鶏スープの素 … 小さじ1/2

バター … 小さじ2
ピザ用チーズ … 30g

作り方

1 エビは殻をむいて背ワタをとり、食べやすい大きさに切る。ホワイトソースの材料をよく混ぜる。

2 フライパンにバターを中火で溶かし、長ネギをしんなりするまで炒め、エビを加えて色が変わるまで炒める。

3 グラタン皿にエビと長ネギを入れ、ホワイトソースをかけてチーズをのせる。オーブントースター（700W）で、焦げ目がつくまで15分くらい焼く。

長いも
ホワイトソースの
和風グラタン

ホワイトソースに長いもを使った
ヘルシーグラタン。
みそを入れることでコクがアップ。

437kcal

完全汁物は その名の通り、野菜も肉もたっぷり。パンやご飯といっしょなら、立派な一食に。

スープなどの汁物は、具の量によって主役にも脇役にもなる便利なメニュー。野菜がたっぷり食べられるのはもちろん、肉や豆腐、パンやご飯などを入れたり添えたりすれば、たんぱく質や炭水化物もとれる完全食に早変わりします。

洋風スープのように野菜の甘みを出したい場合は、そのまま食べられるくらいしっかりと炒めてから、水やお湯を加えるのがコツ。

材料［2人分］

だし昆布 … 10cm
タマネギ … 1/2個
シイタケ … 4個
プチトマト … 4個
豆腐 … 1丁
春菊 … 2〜4本
さつま揚げ … 2枚
鶏手羽元 … 4本

［煮汁］
だし汁 … 1ℓ
薄口しょうゆ … 大さじ2
塩 … 少々

旨みが出るので、必ず1種類は揚げものを入れて

作り方

1 だし昆布は5㎝角くらいに切る。タマネギは半分に切って楊枝を刺し、バラバラにならないようにする。シイタケは石づきをとる。プチトマトはへたをとる。豆腐は4等分に切る。春菊は根元を切り落とし、半分に切る。

2 鍋に煮汁の材料、だし昆布、鶏手羽元を入れて中火で煮立て、あくをとる。

3 タマネギ、シイタケ、豆腐、さつま揚げを入れ、弱火で20分煮る。プチトマト、春菊を加え、サッと煮てできあがり。

お二人様おでん

ついつい、たくさん作ってしまいがちなおでん。
野菜や豆腐、肉類など、家にある他の料理にも
使える食材を選べば、作り過ぎもありません。
420kcal

鶏ワンタン

ツルンとした皮の食感がうれしいワンタンスープ。
ワンタンの量によって、スープにも食事にもなります。

232kcal

材料［1人分］

［ワンタンの具］
鶏ももひき肉 … 50g
塩・コショウ … 各少々

ワンタンの皮 … 10枚
セロリの葉 … 1本分
ショウガせん切り
… 薄切り4枚分
万能ネギ小口切り … 少々

［スープ］
水 … 400cc
顆粒鶏スープの素
… 小さじ1
しょうゆ … 小さじ1/2
塩 … 小さじ1/4
コショウ … 少々

ゴマ油（好みで）… 少々

作り方

1 ワンタンの具を混ぜ、皮の中央にのせ、巾着状にしてぎゅっとおさえる。

2 セロリの葉はざく切りにする。

3 鍋にスープの材料とセロリ、ショウガを入れて中火で煮立て、ワンタンを入れて2分ほど煮る。万能ネギを散らし、好みでゴマ油をたらす。

牛すじとカブのポトフ

牛すじをゆでたときのゆで汁のコクでカブがおいしくなります。あえて味をつけずに煮て、いろいろな薬味で違ったおいしさを味わって。

259kcal

材料［2人分］

カブ … 5個
ゆでた牛すじ（P.80）… 150g
牛すじのゆで汁 … 200cc
水 … 1カップ

［薬味調味料］
粒マスタード、ゆずこしょう、ゴマ油、オリーブオイル、塩、コショウなど

作り方

1 **カブは葉を落とし**、皮を厚めにむく。
2 **鍋に材料をすべて入れ、**中火で煮立ててあくをとる。弱火にしてカブがやわらかくなるまで煮る。
3 好みの薬味調味料の組み合わせでいただく。

葉はゆでて保存野菜に

この煮汁の量で材料がひたひたになるよう、ちょうどよい大きさの鍋を選んで

キャベツと豚肉のトマトスープ

トマトジュースで気軽に作れるトマトスープ。
火が通りやすい素材を選べば、調理時間もぐっと短縮。
182kcal

材料［約2杯分］

豚薄切り肉（ゆで豚でも可、P.15）
… 2枚（50g）
キャベツ … 2枚
タマネギ … 1/4個
ニンニク … 1片

オリーブオイル … 小さじ2
水 … 400cc
トマトジュース … 150cc
固形コンソメスープの素 … 1個
塩 … 小さじ1/3
コショウ … 少々
黒コショウ（好みで）… 少々
フランスパン … 2切れ

作り方

1 豚肉は3㎝幅に切る。キャベツは3㎝角に、タマネギ、ニンニクは薄切りにする。

2 鍋にオリーブオイル、豚肉、キャベツ、タマネギを入れて、焦がさないように弱火で5分炒め、ニンニクを加えて香りが出るまで炒める。

3 水、トマトジュース、固形スープの素を入れて中火で煮立て、弱火にして5分煮る。塩・コショウで味を調える。好みで、食べるときにさらに黒コショウをひき、フランスパンを添える。

余ったフランスパンは干しておくと便利

フランスパンが余ったら、薄切りにしてカゴなどに入れ、干しておきましょう。フランスパンは最初から水分が少ないので、そのまま部屋の中に置いておくだけでもカビません。乾いたら缶などに入れて常温保存。スープに入れれば食べ応えがアップします。

ネギとベーコンの麩入りスープ

麩は和風・洋風を問わずに使える、優秀な乾物。

日持ちするので、常備しておくととっても便利です。

80kcal

材料［約2杯分］

- 長ネギ … 1本
- ベーコン … 1枚
- 麩 … 10個
- バター … 小さじ1.5
- 水 … 400cc
- 固形コンソメスープの素 … 1個
- 塩 … 小さじ1/4
- コショウ … 少々

作り方

1 長ネギは小口切りに、ベーコンは短冊切りにする。

2 鍋にバター、ベーコン、長ネギを入れて、**弱火で2分ほど炒める**。

3 水、固形スープの素を入れて中火で3分ほど煮る。麩を加えてひと煮し、塩・コショウで味を調える。

ネギがしんなりし、そのまま食べられるくらいまで炒めて

厚揚げとセリの豆乳スープ

ショウガの香りがアクセントの、やさしい味の豆乳スープ。

厚揚げの油がコクをプラス。

203kcal

材料［約2杯分］

絹厚揚げ … 1枚
セリ … 1/2把

だし汁 … 200cc
ショウガすりおろし … 小さじ1
無調整豆乳 … 200cc
塩 … 小さじ1/3
白すりゴマ … 少々

作り方

1 厚揚げは2㎝角、セリは根元を落としてざく切りにする。
2 鍋に厚揚げ、セリ、だし汁、ショウガ、塩を入れて中火で煮立て、弱火にして2分煮る。
3 豆乳を加えて中火で煮立て、器に盛って、すりゴマを振る。

鯛の煮付け

鯛は臭みのない、上品な味わいが特徴。
酒だけで煮るぜいたくな煮魚は、旨みがグンと増します。

240kcal

材料［2人分］

鯛の切り身 … 2切れ

［煮汁］
酒 … 100cc
しょうゆ … 50cc
砂糖 … 大さじ2

作り方

1 鯛の皮目に×印に切れ目を入れる。
2 鍋に煮汁、鯛の切り身を入れて中火にかける。
3 煮立ったらあくをとり、落としぶたをして弱火で7分ほど煮る。

鮭・ブリ・鯛などの
魚は切り身を活用すれば、
料理のハードルがぐっと下がります。

魚料理って難しそう、と思っていませんか？　確かに1匹丸ごとの魚を買ってきてさばくのはちょっと大変。だけど切り身を買ってくれば、肉と同じくらい、気軽に料理することができます。

お料理上級者のイメージがある煮魚も、コツさえ覚えれば簡単です。コツは、煮汁が冷たいうちに魚を入れ、ぴったりふたをしないこと。煮汁が沸騰するときにいっしょに臭みが抜けるので、臭みを逃がすために落としぶたを使いましょう。アルミホイルで代用もできます。

もう一つ大切なのは、鍋の大きさ。魚の大きさに対して鍋が大きいと、煮汁がたくさん必要になるため、煮立つまでに時間がかかり、魚の身が硬くなってしまいます。なるべくぴったりサイズの鍋を使いましょう。

鮭と厚揚げのみそ煮

鮭にはこっくりとしたみそ味がよく合います。ショウガをたっぷりきかせ、ご飯のすすむ一品に。

389kcal

材料［1人分］

生鮭の切り身 … 1切れ
絹厚揚げ … 1/2枚
ショウガせん切り … 薄切り3枚分
青菜の塩ゆで（小松菜など　P.13）… 適量

［煮汁］
水 … 100cc
みそ … 大さじ2
砂糖 … 大さじ1
一味唐辛子（好みで）… 少々

作り方

1 厚揚げは1㎝の厚さに切る。
2 鍋に煮汁の材料を入れて混ぜ、鮭、厚揚げ、ショウガを入れて中火で煮立て、中火のまま落としぶたをして4分煮る。
3 落としぶたをとり、煮汁にとろみがつくまで煮詰める。器に盛り、青菜の塩ゆでを添え、好みで一味唐辛子を振る。

鮭のガーリックオイル焼き

ニンニクの香りを移したオリーブオイルでこんがりと。
ニンニクは火の通りが早いので、焦がさないように気をつけて。

295kcal

材料［1人分］

生鮭の切り身 … 1切れ
プチトマト … 5個
ニンニク … 1片
オリーブオイル … 大さじ1
小麦粉 … 小さじ2
塩 … 少々
コショウ … 少々

乾燥ローズマリー（好みで、生でもよい）… 少々

作り方

カリッと仕上がります

1 鮭の両面に塩・コショウを振り、**小麦粉をまぶす**。プチトマトはへたをとり、ニンニクは薄切りにする。
2 フライパンにオリーブオイルとニンニクを入れて弱火にかけ、ニンニクがきつね色になったら取り出す。
3 鮭とプチトマトを入れ、中火で片面2分ずつ、焼き色がつくまで焼く。器に盛り、鮭の上に取り出しておいたニンニクをのせる。好みでローズマリーを振る。

ブリの照り焼き

ポリ袋に漬け汁を入れて魚を漬ければ、調味料が少しですみます。

グリルがなければ魚焼き網やオーブントースターで焼いてもＯＫ。

298kcal

材料［１人分］

ブリの切り身 … １切れ
長ネギ … 1/2本

［漬け汁］
しょうゆ … 小さじ1.5
みりん … 小さじ1.5

作り方

1 ポリ袋にブリと漬け汁を入れてなじませ、15分くらいおく。長ネギは３等分する。

2 グリルにブリと長ネギを入れ、ブリにハケなどで**漬け汁を塗りながら**、焦げ目がつくまで焼く。

4～5回塗ると、味がよくしみ込み照りが出ます

ブリのゆずこしょう焼き

ゆずこしょうの香りでいただく変わり焼き。
ご飯はもちろん、
日本酒や焼酎などのお酒にもぴったり。

281kcal

材料 [1人分]

ブリの切り身 … 1切れ

酒 … 大さじ1
ゆずこしょう … 小さじ1/2

青菜の塩ゆで（春菊など　P.13）… 適量
レモン … 適量

作り方

1 ポリ袋に酒とゆずこしょうを入れてもみ、なじませる。ブリを入れ、身を崩さないように、全体に調味料をまぶし、15分くらいおく。
2 グリルやオーブントースターでこんがりと焼く。
3 器に盛り、青菜の塩ゆでとレモンを添える。

カジキマグロのパン粉揚げ

切り身を使えば、魚のフライもいたってカンタン。

楊枝を使った小さな串揚げにすれば、衣をつけるときにもほとんど手が汚れません。

314kcal

材料［2人分・8本］

カジキマグロ … 1切れ
タマネギ … 1/4個

市販の天ぷら粉 … 1/2カップ
水 … 1/2カップ
パン粉 … 適量
揚げ油 … 適量

タマネギマヨネーズ（作り方は下記）… 適量
ソース … 適量
レモン … 適量

作り方

1 カジキマグロは8等分に、タマネギはくし型に4等分し、さらに半分に切る。カジキマグロとタマネギを楊枝に刺す。

2 **天ぷら粉と水を混ぜて**楊枝に刺した具をくぐらせ、パン粉をまぶす。

3 170℃の油できつね色になるまで揚げ、タマネギマヨネーズやソース、レモンなどでいただく。

水を減らすと
厚めの衣、
増やすと
薄めの衣になります

タマネギマヨネーズを作ろう！

タマネギマヨネーズは作っておくと、とっても便利。作り方はタマネギのみじん切りをマヨネーズと混ぜるだけ。味はあっさりめのタルタルソースといったところでしょか。フライやソテーに添えてもいいし、ツナを混ぜればあっという間にツナマヨのできあがり。じゃがいもを混ぜればポテトサラダに。量の目安はタマネギ1/2個に対し、マヨネーズは1カップくらい。冷蔵庫に入れておけば1カ月くらい保存できます。

鯛の塩焼き

塩を振って焼くだけの最もシンプルな焼き魚。
ニガリ成分の残った天然塩なら、
さらに鯛のおいしさを引き出してくれます。

194kcal

材料［1人分］

鯛の切り身 … 1切れ
塩 … 小さじ1/3
ゆずの皮（あれば）… 少々

作り方

1 鯛の切り身全体に塩をまぶす。
2 グリルかオーブントースターで焦げ目がつくまで焼く。
3 あればゆずの皮で香りを添える。

カジキマグロの香り蒸し

香りのよい野菜をたっぷり使ったヘルシーな一品。写真は塩・コショウを振ってレモンを添えていますが、好みの調味料で楽しんで。

215kcal

材料［1人分］

カジキマグロ … 1切れ
長ネギ … 1/2本
セロリ … 10㎝
シイタケ … 1個
ニンニク … 1/2片
ショウガせん切り … 薄切り2枚分
酒 … 大さじ2
ゴマ油 … 少々

［調味料の例］
塩×コショウ×レモン
ポン酢
ニンニクじょうゆ

葉と茎の両方を使うと食感が違って楽しい

作り方

1 長ネギ、セロリは斜め薄切り、シイタケは石づきをとって薄切り、ニンニクも薄切りにする。
2 耐熱容器に野菜類を敷き、カジキマグロをのせる。
3 酒を振り、ラップをして電子レンジ強（500w）で4分加熱する。ゴマ油をかけ、好みの調味料でいただく。

簡単だからおいしい話

しらすだって丸ごとの魚。冷凍しておくと重宝します。

しらすは骨や皮まで丸ごと食べられ、カルシウムやコラーゲンがたっぷりとれる、優秀な食材です。

乾燥させたちりめんじゃこよりも料理の応用範囲が広いしらすですが、難点は、あまり日持ちしないこと。買ってきたら密閉容器に入れ替え、冷凍してしまいましょう。1カ月程度は保存できます。

使う分だけ取り出せば、常温ですぐに解凍できますが、おススメは熱湯をかけての解凍。ふっくらとして、ゆでたての釜揚げしらすのよう

釜揚げ風しらす丼

386kcal

材料［1人分］

しらす（冷凍でも可）… 1/2カップ
大根おろし … 大さじ3
もみのり … 1/2枚分
大葉せん切り … 3枚分

ご飯 … 200g
しょうゆ … 適量
レモン … 少々

作り方

1 冷凍しらすの場合はざるに入れて、熱湯を全体に回しかけ、水気をよくきる。
2 あたたかいご飯を器に盛り、もみのり、しらす、水気を軽く絞った大根おろし、大葉をのせ、しょうゆをかけ、レモン汁をたっぷり絞る。

な味わいが楽しめます。ご飯やめん類にのせたり、使い方はいろいろ。オリーブオイルでニンニクと炒めてパスタもおいしいですよ。

ちなみに中日めんは、中華めんに和風だしで〝中日〟。高知県香南市のご当地めんです。

中日めん

468kcal

材料［1人分］

- 中華生めん（細め）… 1玉
- さつま揚げ … 1枚
- しらす … 大さじ2
- 万能ネギ小口切り … 2本分
- なるとの薄切り（あれば）… 1枚
- 水 … 350cc
- 白だし … 50cc

メーカーによって希釈倍数が違うので、好みの味に薄めて

作り方

1. 鍋に水、白だし、さつま揚げを入れて中火で煮立てる。別の鍋で中華めんを好みの硬さにゆでる。
2. 器にゆで汁をきった中華めんを入れ、1の汁を注ぐ。
3. さつま揚げ、しらす、万能ネギ、あればなるとをのせる。

エビ・イカは

〝焼き〟と〝半生ゆで〟の保存ワザで、パック買いしても食べきれます。

エビやイカは少量で売っていることが少ないので、少人数家族だと、ついつい買うのに二の足を踏んでしまいます。生ものだし、ムダにしてしまったらイヤですものね。

でも野菜や肉同様、エビやイカも下ごしらえしておけば、5日間くらい日持ちするので、1人でパック買いしても、余裕で食べきれます。そのまま食べてもいいし、和え物やサラダ、炒め物や汁物と、エビ・イカはじつはとってもオールマイティ。

エビはゆでておく保存法が一般的ですが、断然焼くことをおススメします。だっておいしさが全然違うの。焼いたほうが水っぽくないし、甘みがぐっと強まります。イカはその後料理することを考えて、半生の状態にゆでて。そのままでもやわらかく、おいしくいただけます。

焼きエビは冷めたら殻つきのまま保存容器に入れ、冷蔵庫で保存。保存期間は5日～1週間程度。殻は使うときにむいて。

ゆでイカは食べやすく切って保存容器に入れて冷まし、冷めたら酒大さじ1を振り、冷蔵庫で保存。保存期間は5日程度。

焼きエビ

190kcal

材料［買いやすい分量］

エビ … 10尾
サラダ油 … 適量
（フライパンに薄くひく程度）

作り方

1 エビは目立つ背ワタがあれば引っ張ってとる。

2 フライパンにサラダ油を中火で熱し、エビを殻ごと並べて両面を色が変わるまで焼く。大きめのエビは両面を焼いてからふたをして蒸し焼きにし、中まで火を通す。

3 殻をむいて盛りつける。

イカの半生ゆで

236kcal

材料［買いやすい分量］

イカ … 1杯
塩 … 適量
大葉 … 適量
わさびじょうゆ … 適量

作り方

1 イカは内臓を抜いて洗う。くちばしはとり、足の吸盤の硬い輪を親指の爪でしごきとる（好みで皮をとっても）。

2 鍋にたっぷりの湯を沸かし、1％くらいの塩を入れて（湯1ℓに対して10g）イカをさっとくぐらせる。イカの胴体がぷっくり膨らんだら取り出す。

3 胴は幅1cmの輪切り、足は2本ずつに切り分け、大葉を敷いた器に盛り、わさびじょうゆでいただく。

焼きエビ　半生イカ

エビ玉チリソース炒め

チリソースはわざわざ買わなくても家にある調味料で簡単にできます。
ふわふわたまごでボリュームとまろやかさがアップ。
457kcal

材料［1人分］

焼きエビ(P.53)… 5尾
卵 … 1個
長ネギ粗みじん切り … 10㎝分
ショウガみじん切り … 小さじ1
ニンニクみじん切り … 小さじ1/2
サラダ油 … 大さじ2

［チリソース］
水 … 大さじ3
トマトケチャップ … 大さじ2
砂糖 … 小さじ1
豆板醤 … 小さじ1/2
酢 … 小さじ1/2
片栗粉 … 小さじ1/2

作り方

1 卵を割りほぐす。フライパンにサラダ油大さじ1を中火で熱し、卵を流し入れて大きくゆっくり混ぜ、**半熟の炒り卵にして**取り出す。チリソースの材料は混ぜておく。

2 フライパンにサラダ油大さじ1をたし、中火で長ネギ、ショウガ、ニンニクを香りが出るまで炒め、殻をむいたエビとチリソースを加え、混ぜながら煮立てる。

3 とろみがついたら1の卵をもどし、ざっくりと混ぜる。

余熱でも
火が通るので
早めにあげて

焼き
エビ

エビの殻だしスープ

エビの殻からよいだしが出るエスニックなスープ。

一味唐辛子で辛く味付けてもおいしい。

65kcal

材料［約2杯分］

- 焼きエビ(P.53)… 2～4尾
- 焼きエビの殻 … 10尾分
- セロリ … 1本
- タマネギ … 1/4個
- ニンニク … 1/2片
- レモンの半月切り … 2枚
- サラダ油 … 小さじ1
- 水 … 400cc
- 塩 … 小さじ1/4
- コショウ … 少々

作り方

1 焼きエビは殻をむいておく。セロリは斜め薄切り、タマネギ、ニンニクは薄切りにする。

2 鍋にサラダ油を入れて中火で熱し、エビの殻を入れてへらで押しつぶしながら**2～3分炒める**。水を注いで煮立て、弱火にして3分煮る。

3 殻を取り出し、野菜を入れてやわらかくなるまで煮、エビを加えて塩・コショウで調味する。器に盛り、レモンを加える。

焦がさないで。でも軽く焦げ目がつくぐらいはOK

イカとキュウリの中華和え

半生イカがあれば、あっという間にできる和え物。
市販の食べるラー油は旨みがいっぱいなので
調味料として常備しておくと便利。

125kcal

材料［1人分］

- 半生イカ（P.53）… 1/3杯
- キュウリ … 1本
- 酢 … 小さじ2
- しょうゆ … 小さじ2
- **食べるラー油** … 小さじ1

なければゴマ油と一味唐辛子でも

作り方

1. 半生イカは食べやすい大きさに切る。
2. キュウリはすりこぎなど、硬いもので叩いて**全体にひびを入れ**、4㎝くらいの長さに切って、さらに食べやすい大きさに手で割る。
3. ボウルに、キュウリ、酢、しょうゆを入れて、しんなりするまで揉む。イカと食べるラー油を加え、ざっくり混ぜる。

味がしみやすくなります

イカメンチ

イカを使った揚げないメンチ。
ヘルシーなのに、イカの旨みは十分。

185kcal

材料［4個分］

半生イカ（P.53）… 1/2杯
タマネギ … 1/4個

片栗粉 … 小さじ2
塩 … 小さじ1/4
コショウ … 少々
サラダ油 … 小さじ1

ショウガすりおろし（好みで）… 適量
しょうゆ（好みで）… 適量

作り方

1 半生イカとタマネギをみじん切りにする。
2 ボウルにイカ、タマネギ、片栗粉、塩、コショウを入れて混ぜ、4等分にして円盤状にする。
3 フライパンにサラダ油を入れて中火で熱し、2を並べて**焦げ目がつくくらい**両面を焼く。好みでショウガじょうゆにつけて食べても。

片面1分半くらい

イカとシシトウのショウガ炒め

ピリッとしたショウガの風味に箸がすすむ炒め物。イカはすでに食べられる状態なので、サッと炒めるだけでOK。

178kcal

材料［1人分］

半生イカ（P.53）… 1/2杯
シシトウ … 8本
ショウガすりおろし … 小さじ1/2

サラダ油 … 小さじ1
しょうゆ … 小さじ2
酒 … 小さじ2

作り方

1 シシトウはへたをとる。
2 フライパンにサラダ油を入れて中火で熱し、イカを入れて透明感がなくなるまで炒める。
3 シシトウを入れてしんなりしたら、ショウガ、しょうゆ、酒を入れて混ぜ、水分を飛ばしながらからめる。

豆腐の守備範囲は
メインからおつまみまで幅広い！
冷蔵庫にいつでも一、二丁を。

豆腐って、とっても優秀な食材。おつまみや副菜向きかと思えば、堂々とメインも張れるし、そのままでも火を通しても、どちらでもおいしく食べられちゃう。その上リーズナブル。昔に比べ、小さなサイズのものがたくさんあるのも、お一人様にはうれしい限り。最近では充填豆腐という、日持ちのする豆腐も売られています。

豆腐を料理するときによく聞くのが「水きりが面倒」という声。私は炒め物に使う場合も、いわゆる水きりはほとんどしません。他の材料の準備をしている間、紙タオルの上にのせておき、周りの水分が気になる場合は、使う直前にやはり紙タオルでふき取ります。それくらいの水きりのほうが口当たりもやわらかく、おいしくいただけますよ。

塩ネギやっこ

冷やっこといえば、しょうゆ、と思っていませんか？
塩味の冷やっこは豆腐のおいしさが
ダイレクトに味わえます。

157kcal

材料［1人分］

木綿・絹は好みで

- **豆腐** … 1/2丁
- 長ネギ … 1/2本
- ゴマ油 … 小さじ1
- 塩 … 小さじ1/4
- コショウ … 少々

作り方

1 ネギは斜めにできるだけ薄く切り、ゴマ油と塩を混ぜ、しんなりするまでおく。

2 豆腐は軽く水気をきって**適当な大きさに手で割り**、ネギをのせ、コショウを振る。

包丁で切るよりも
味がなじみやすい

豆腐入り肉団子のタレ焼き

豆腐入りだから冷めてもふんわり、カロリーも少なめ。
しっかり味が付いているので、お弁当のおかずにもおススメです。
398kcal

材料［8個分］

木綿豆腐 … 1/4丁
鶏ももひき肉 … 100g
片栗粉 … 大さじ1
サラダ油 … 小さじ1

［タレ］
みりん … 大さじ1.5
しょうゆ … 大さじ1

グリーンアスパラガスの
塩ゆで（あれば）… 適量

作り方

片栗粉が
豆腐の水分を
吸ってくれるので、
水きりの必要なし

1 ボウルに豆腐、鶏ひき肉、**片栗粉を入れて**むらなく混ぜ、8等分にして丸め、円盤状にする。
2 フライパンにサラダ油を入れて中火で熱し、肉団子を入れ、片面2分ずつ焼く。
3 タレの材料を入れて煮立て、タレにとろみがついて肉団子にからむようになるまで煮詰める。器に盛り、あればグリーンアスパラガスの塩ゆでを添える。

豆腐の甘い卵とじ

甘さがおいしい、卵でとじた煮やっこです。
かつおぶしを敷いているので、
食べるときには一番下からすくって。

264kcal

材料［1人分］

豆腐 … 1/2丁
かつおぶし … 3g
卵 … 1個

木綿・絹は好みで

しょうゆ … 大さじ1.5
砂糖 … 大さじ1
酒 … 大さじ1

下に
かつおぶしを敷くので
焦げつきません

作り方

1 豆腐は2㎝くらいの幅に切る。
2 ふたができる小鍋にかつおぶしを敷き、豆腐をなるべく鍋の大きさぴったりに入れ、調味料をかける。
3 ふたをして弱火で2分煮る。ふたを開けて卵を溶き入れ、もう一度ふたをして1分煮る。

豆腐ときのこのバターしょうゆ焼き

バター×しょうゆの味付けは、おいしさ間違いなし。
食材が低カロリーなので、
たっぷり食べても罪悪感がありません。

194kcal

材料［1人分］

木綿豆腐 … 1/2丁
シメジ … 1パック（100g）
万能ネギ小口切り
… 1本分
バター
… 小さじ2
しょうゆ
… 小さじ2
コショウ … 少々

作り方

1 豆腐は厚みを半分に切って紙タオルにのせ、5分おく。シメジは石づきをとってほぐす。

2 フライパンにバター小さじ1を入れて中火で熱し、豆腐の両面を**焦げ目がつくまで**焼き、取り出す。

3 フライパンにバター小さじ1をたし、中火でシメジをしんなりするまで炒め、しょうゆ、コショウで調味する。器に盛った豆腐に焼き汁といっしょにシメジをのせ、万能ネギをのせる。

しっかり
焦げ目を
つけたほうが
おいしい

簡単だからおいしい話

豆乳は和・洋・中の幅広い料理に使える万能選手。

1ℓの豆乳を買うと、1人ではなかなか飲みきれません。かと言って、小さなパックは割高だし…。

私は豆乳を買ったらどんどん料理にも使います。みそ汁やスープ、カレーに入れたり、牛乳の代わりに使ってグラタンにしたり。豆乳を入れるととっても味がまろやかになって、栄養価もアップ。同じ大豆生まれのしょうゆやみそ、ショウガやニンニクなどの薬味とも相性がいいので、和風、洋風、エスニックなど、いろいろな料理に使えます。

ここで紹介している豆乳粥のイメージは、台湾でよく食べられている朝ごはん。本場では揚げパンが使われていますが、揚げパンの代わりに、使いやすい揚げ玉を使いました。この揚げ玉がいい仕事をしてくれるので、必ず入れて。

豆乳粥

364kcal

材料［1人分］

ご飯 … 150g
水 … 150cc
豆乳 … 150cc

顆粒鶏スープの素… 小さじ1
塩 … 少々

万能ネギ小口切り … 2本分
揚げ玉 … 適量
ゴマ油 … 適量
しょうゆ … 少々
黒コショウ … 少々

作り方

1 鍋にご飯と水を入れて中火にかけ、煮立てる。
2 火を止めて10分おき、豆乳、顆粒鶏スープの素、塩を入れてふたたび中火で煮立て、火を止める。
3 器に盛り、万能ネギ、揚げ玉、ゴマ油、しょうゆ、黒コショウをかける。

ひき肉&ひらひら肉は、

さっと火が通る、時短がうれしい食材です。

私がひらひら肉と呼んでいる薄切り肉やひき肉は、あっという間に火が通るので、毎日の料理にとっても重宝。難点はどちらも傷みやすいことですが、ひらひら肉は15ページでご紹介しているように、使わない分はゆでて保存してしまいましょう。ひき肉は小さなパックで売っているので、できれば使う分だけ買うようにして、もしも余ってしまった場合は、炒めて火を通しておくと、冷蔵庫で1週間くらいは大丈夫です。

　ひき肉でおススメの使い方の一つは、ちぎりひき肉。煮物やスープに使うときは、あえて細かくひき肉を崩さず、親指大にちぎって使います。肉団子を作るような手間がいらないわりに、しっかりとした食べ応えがあります。お箸でつまみやすいのもちぎりひき肉のよいところです。

ひき肉がパラパラしている場合は、一度ぎゅっと握ってからちぎると、うまくちぎれます。

ちぎりひき肉と白菜のスープ

白菜は火の通し具合で違ったおいしさが楽しめます。

歯ごたえを残したり、とろっとろに煮てみたり。白菜の煮え具合はお好みで。

129kcal

材料［約2杯分］

豚ひき肉 … 80g
白菜 … 3枚（300g）

水 … 500cc
酒 … 大さじ2
顆粒鶏スープの素 … 小さじ2

塩 … 小さじ1/2
コショウ … 少々

ショウガみじん切り（好みで）… 少々
ポン酢（好みで）… 適量

作り方

1 白菜は2cm幅に切る。
2 鍋に、水、酒、顆粒鶏スープの素、白菜を入れ、ふたをして中火で煮立てる。
3 煮立ったらひき肉を親指の先くらいの大きさにちぎって入れ、3〜4分煮て、塩・コショウで調味する。器に盛り、好みでショウガのみじん切りをのせる。ポン酢をかけてもおいしい。

豚肉とタマネギのケチャップ炒め

ケチャップを入れてからしっかり炒めると、油となじみ、甘みが出ておいしくなります。

404kcal

材料［1人分］

豚薄切り肉（ゆで肉でも可、P.15）… 4枚（100g）
タマネギ … 1/2個

サラダ油 … 小さじ2
トマトケチャップ … 大さじ2
しょうゆ … 小さじ1
パセリ…1枚

作り方

1 豚肉は2㎝幅に切る。タマネギは1㎝幅のくし型に切り、ほぐす。

2 フライパンにサラダ油を中火で熱し、豚肉を炒め、火が通ったらタマネギを入れて透き通るまで炒める（ゆで肉の場合はタマネギと肉を同じタイミングで入れる）。

3 ケチャップとしょうゆを入れ、**ケチャップと油がなじむまで**炒めて皿に盛りパセリを飾る。

ケチャップの赤がオレンジに変わったらおいしくなったサイン！

鶏ひき肉とナスの田舎煮

ひき肉を大きめにちぎれば、食べ応えがアップ。
冷やしてもおいしくいただけます。

129kcal

材料［2人分］

鶏ひき肉 … 100g
ナス … 3本
ショウガせん切り … 薄切り4枚分

水 … 300cc
めんつゆ（3倍濃縮タイプ）… 50cc

作り方

1 ナスはへたをとり、皮をまだらにむいて、縦半分に切り、長さも半分に切る。
2 鍋にひき肉以外の材料を入れて中火で煮立て、ひき肉を**大きめにちぎって入れる**。
3 落としぶたをして弱火にし、5分煮る。

親指の先よりも
やや大きいくらい

ひらひら豚肉の柳川

ごぼうからとってもおいしいだしが出ます。

旨みが減ってしまうので、ゴボウの皮はむかないで。

393kcal

材料［1人分］

豚薄切り肉（ゆで肉でも可、P.15）… 4枚（100g）
ごぼう（細いもの）… 1本（60g）
卵 … 1個
長ネギ小口切り … 5㎝分

水 … 180cc
めんつゆ（3倍濃縮タイプ）… 大さじ2
粉山椒 … 少々

作り方

1 豚肉は3㎝幅に切る。ごぼうはタワシでこすって洗い、できるだけ薄く斜めに切る。

2 小ぶりのフライパンか小さな鍋に水とめんつゆ、豚肉、ごぼうを入れて中火で煮立て、あくをとる。

3 **1分ほど煮てから**卵を溶き入れ、ふたをして弱火で1分煮る。長ネギの小口切りをのせ、粉山椒を振る。

ごぼうの歯ごたえを
残したいので煮過ぎないで

簡単だからおいしい話

ひき肉高菜炒めを作っておけば、ご飯にめんに、大活躍！

市販の刻み高菜とひき肉をいっしょに炒めるだけで、使い勝手のいい常備菜になります。そのまま食べるのはもちろん、おにぎりの具にしたり、ゆでたソーメンにのせたり、チャーハンや焼きそばの具にしても。インスタントラーメンも、これをトッピングするだけで、ちょっと豪華な一食に。卵焼きの具にしてもおいしいし、豆腐といっしょにもう一度炒めれば、お手軽チャンプルー。冷やっこにのせるのもいいですね。

炒めるときは香りのよいゴマ油で。豚ひき肉は脂が多いので、出てきた余分な脂は紙タオルで吸い取りましょう。高菜だけでも十分な塩分がありますが、炒めながら少しだけしょうゆを回しかけると、高菜と豚肉の味がしっかりまとまります。保存期間は冷蔵庫で約1週間。

豚ひき肉の高菜炒め

330kcal

材料［作りやすい分量］

豚ひき肉 … 100g
刻み高菜 … 1袋（100g）

ゴマ油 … 小さじ2
赤唐辛子輪切り（好みで）… 少々
しょうゆ … 少々

作り方

1 フライパンにゴマ油を中火で熱し、ひき肉を粗くほぐしながら炒める。
2 ひき肉の色が変わったら、高菜と好みで赤唐辛子を加えて2分ほど炒め、最後にしょうゆを回しかけて混ぜる。

牛肉のたたき

まずはシンプルにわさびじょうゆで。好みの生野菜を添えて、肉で巻いて食べても。

540kcal

材料［作りやすい分量］

- 牛赤身塊 … 250g
- **黒コショウ** … 適量
- わさびじょうゆ … 適量
- 好みの生野菜 … 適量

香りがよいので、黒コショウがおススメ

作り方

1 牛肉の表面全体に黒コショウをたっぷりまぶす。

2 フライパンを中火で熱し、牛肉を入れてすべての面に焦げ目がつくように焼き、ふたをしてさらに弱火で2〜3分焼く。

3 フライパンから取り出して冷まし、冷めたらできるだけ薄く切ってわさびじょうゆでいただく。すぐに食べない分は、切らずに塊ごとラップで包んで冷蔵庫で保存する。保存期間は1週間程度。

大事！

塊《かたまり》肉や牛すじは
お得だけど1人分じゃ買いづらい。でも下ごしらえ次第で便利な食材に。

肉は塊買いがとってもお得。でも分量が多いので、1人だとちょっと買いづらいですよね。そこでおススメなのが、牛の塊肉の表面を焼いてたたきにすること。1週間くらい日持ちするので、食べる分だけ切って使えば、200~300gの塊だって1人で食べきれます。ふたをして蒸し焼きにするので、中までほんのり火が通り、切るだけでそのまま食べられます。私がこの料理に使うのはオージービーフの赤身。リーズナブルだし、赤身の部分がおいしいから。この料理には肩やももなど、必ず赤身の肉を使ってくださいね。

コラーゲンたっぷりの牛すじは、売っているときに少しずつ買いためて冷凍しておき、一気に下ごしらえ（80ページ）。それをまた冷凍しておけば、いつでも使えて便利です。

牛肉のたたきおかず3種

牛肉のたたきを作っておけば、和風洋風、さまざまな料理に応用できます。肉自体の色味がきれいなので、見た目のごちそう感がアップ。

牛たたきのサラダ

83kcal

材料［1人分］

牛たたきの薄切り … 6枚
乾燥カットわかめ … 5g
レタス … 1枚
ミョウガ … 1個

ポン酢 … 適量

作り方

1 わかめはたっぷりの水で戻し、水気をきる。
2 レタスは一口大にちぎる。ミョウガは縦半分に切ってから斜め薄切りにする。
3 牛たたきと1、2を混ぜ合わせ、**ポン酢をかける。**

ポン酢にゴマ油やマヨネーズ、すりゴマなどを混ぜてもおいしい

牛たたきの長いも和え

132kcal

材料［1人分］

牛たたきの薄切り … 5枚
長いも … 5cm

わさび … 少々
めんつゆまたはしょうゆ … 少々

作り方

1cmのかたまりが残るくらい

1 長いもは皮をむいてポリ袋に入れ、すりこぎなどで**叩いてつぶす**。
2 牛たたきを食べやすい大きさに切り、長いもと混ぜる。
3 器に盛り、わさびをのせ、めんつゆかしょうゆをかける。

牛たたきのオードブル風

194kcal

材料［1人分］

牛たたきの薄切り … 6枚
サンドイッチ用のパン … 1枚

粒マスタード … 小さじ2
マヨネーズ … 小さじ2
コショウ … 少々

ラディッシュ（あれば）… 1個

好みの野菜でOK

作り方

カリッとトーストしてもおいしい

1 **パン**は耳があれば落とし、食べやすい大きさに切って、粒マスタードを塗る。
2 器にパンと、牛たたきを盛り、あれば食べやすく切ったラディッシュを添える。牛たたきにマヨネーズとコショウをかける。
3 パンに牛たたきとラディッシュをのせていただく。

牛すじの韓国風スープ

韓国では牛の膝軟骨で作るスープ、トガニタンを牛すじでアレンジ。スープ自体には味を付けず、食べるときに好みの味付けをしていただきます。

182kcal

材料［約2杯分］

ゆで牛すじ（ゆで方は下記）… 100g
ニンニク … 1片
牛すじのゆで汁 … 500cc

ゆで汁がたりないときは水をたし、顆粒鶏スープの素少々を加えて

［薬味調味料］
万能ネギ小口切り、ゴマ油、白菜キムチ、塩、コショウなど…各適量

作り方

1 ゆで牛すじは一口大に切る。ニンニクは半分に切る。
2 牛すじ、ニンニク、ゆで汁を鍋に入れて中火で煮立て、弱火にして約5分煮る。
3 器に盛り、ゴマ油をかけた万能ネギの小口切り、白菜キムチ、塩、コショウなどで味付けしていただく。

牛すじはおいしいゆで汁ごと冷凍保存

牛すじをゆでたら、旨みとコラーゲンたっぷりのゆで汁ごと保存しましょう。冷蔵はもちろん、冷凍してもOK。保存期間は冷蔵で1週間、冷凍なら2カ月くらい。

材料［作りやすい分量］

牛すじ … 300〜500g
水 … 適量

作り方

1 牛すじは洗って水けをきり、たっぷりの水と鍋に入れて中火で煮立て、あくをとる。
2 弱火にして1時間半ゆで、火を止めてそのまま冷ます。
3 冷めたら鍋ごと、もしくは容器に移して冷蔵庫に入れ、固まった脂肪を取り除く。使いやすい単位に小分けしてゆで汁ごと保存容器に入れ、冷蔵または冷凍保存する。

牛すじの赤みそシチュー

赤みそにコクがあるので、材料を炒めなくても大丈夫。和洋折衷の不思議なおいしさのシチューです。

365kcal

材料［約2杯分］

ゆで牛すじ（P.80）… 150g
豆腐 … 1/2丁
こんにゃく … 100g

牛すじのゆで汁 … 300cc
水 … 200cc
赤みそ（八丁みそ）… 30g
ブラウンシチューのルー … 30g

万能ネギ小口切り（あれば）… 少々

作り方

1 牛すじは食べやすい大きさに切る。豆腐は4等分にする。こんにゃくは洗って一口大にちぎり、**一度ゆでてあくを抜き**、水気をきる。

あく抜き済みの場合は洗って水けをきる

2 鍋に牛すじ、豆腐、こんにゃく、ゆで汁、水、赤みそを入れて中火で煮立て、弱火にして10分煮る。

3 ルーを加えてとろみがつくまで煮る。器に盛り、あれば万能ネギ小口切りを散らす。

牛すじと里いもの甘辛煮

牛すじとゆで汁に旨みがあるのでだしはいりません。
15ページのゆで牛薄切りでもおいしくできます。
343kcal

材料［2人分］

ゆで牛すじ（P.80）… 150g
里いも … 6個（1個60g）
ゆで青菜（あれば）… 少々

牛すじのゆで汁 … 200cc
水 … 適量
しょうゆ … 大さじ3
砂糖 … 大さじ1.5

作り方

1 牛すじは食べやすい大きさに切る。里いもは皮をむき、大きいものは半分に切る。
2 鍋に牛すじと里いも、ゆで汁を入れ、材料がひたひたになるくらいに水をたし、中火で煮立て、あくをとる。弱火にして落としぶたをし、里いもがやわらかくなるまで煮る。
3 しょうゆ、砂糖を加え、煮汁が全体にからむくらいまで煮詰める。器に盛り、あればゆでた青菜を添える。

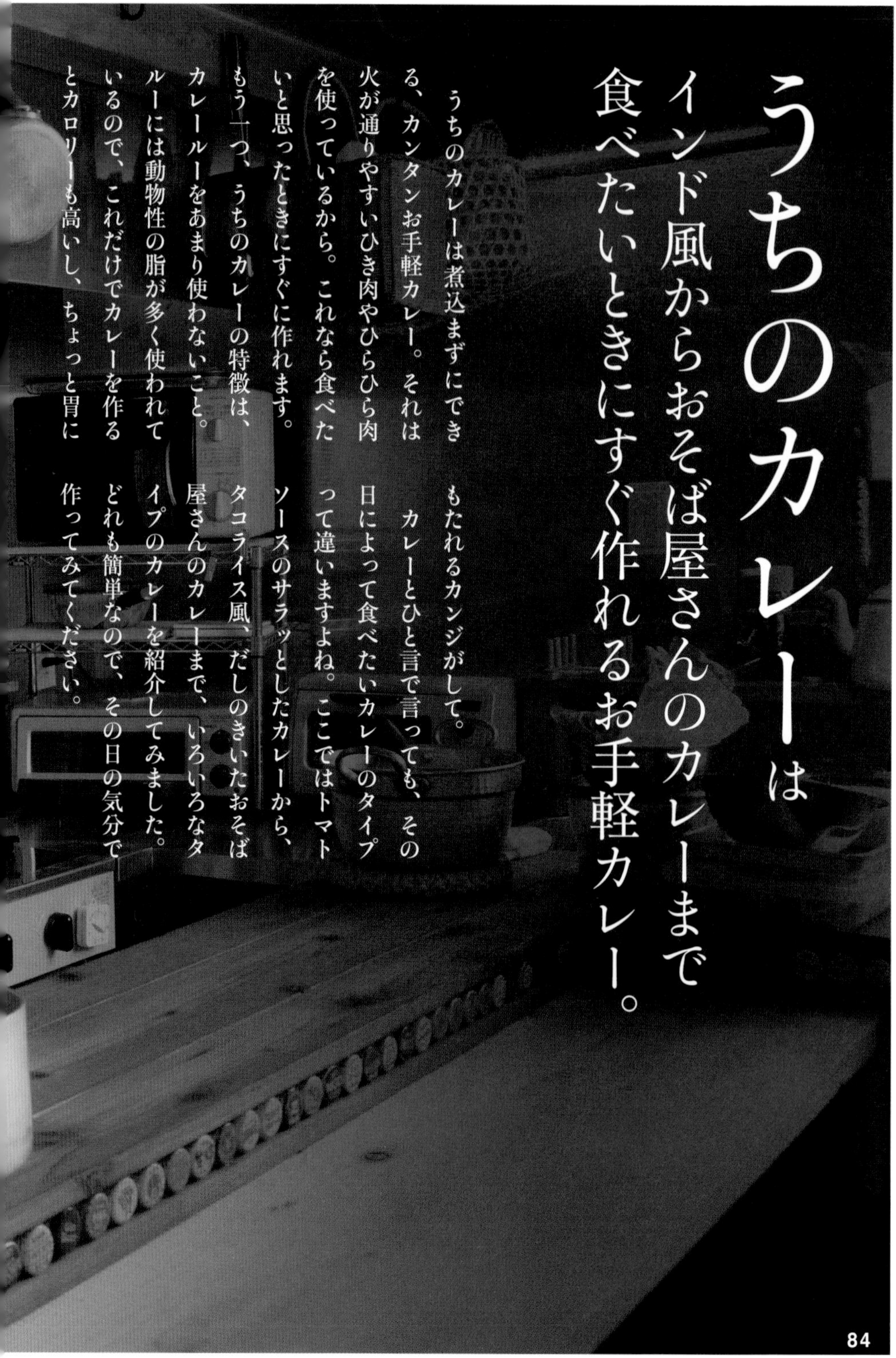

うちのカレーは
インド風からおそば屋さんのカレーまで食べたいときにすぐ作れるお手軽カレー。

うちのカレーは煮込まずにできる、カンタンお手軽カレー。それは火が通りやすいひき肉やひらひら肉を使っているから。これなら食べたいと思ったときにすぐに作れます。

もう一つ、うちのカレーの特徴は、カレールーをあまり使わないこと。ルーには動物性の脂が多く使われているので、これだけでカレーを作るとカロリーも高いし、ちょっと胃にもたれるカンジがして。

カレーとひと言で言っても、その日によって食べたいカレーのタイプって違いますよね。ここではトマトソースのサラッとしたカレーから、タコライス風、だしのきいたおそば屋さんのカレーまで、いろいろなタイプのカレーを紹介してみました。どれも簡単なので、その日の気分で作ってみてください。

トマトカレー

市販のトマトソースを使った、すっきりさわやかなカレー。
食欲がないときでもあっさり食べられます。ご飯はもちろん、
やわらかめにゆでた**パスタにかけて食べても。**

627kcal

材料［2人分］

鶏もも肉 … 1/2枚
タマネギ … 1/2個
ナス … 2本
ショウガすりおろし … 小さじ1

水 … 200cc
サラダ油 … 大さじ1
カレー粉 … 大さじ1
市販のトマトソース … 1缶(300g)
塩 … 少々
コショウ … 少々

ご飯 … 適量

作り方

1 鶏もも肉は4cm角に切って、水といっしょに鍋に入れ、10分弱火で煮る。タマネギは薄切り、ナスは1cmの厚さに切る。**ナスをフライパンに並べ**、中火で両面に焦げ目がつくまで焼き、取り出しておく。

2 フライパンにサラダ油を中火で熱し、タマネギをやわらかくなるまで炒め、ショウガ、カレー粉を加えて炒める。トマトソースと鶏肉をゆで汁ごと加え、弱火にして10分煮る。

3 焼いておいたナスをカレーに加え、塩・コショウで味を調え、ご飯とともに器に盛る。

油をひかなくても
ナス自身の水分で
火が通ります

ひき肉ヨーグルトカレー

水を使わずヨーグルトとトマトジュースの水分だけで煮る、異国の香りを感じる変わりカレーです。

692kcal

材料［2人分］

- タマネギ … 1/2個
- シシトウ … 2本
- 合いびき肉 … 150g
- ニンニクすりおろし … 1/2片分
- ショウガすりおろし … 小さじ2
- サラダ油 … 小さじ2
- カレー粉 … 小さじ2
- ヨーグルト（無糖）… 300cc
- トマトジュース … 200cc
- 固形コンソメスープの素 … 1個
- 塩 … 小さじ1/2
- ご飯 … 適量

作り方

弱火だと色がつかないので、必ず中火で！

1 タマネギは粗みじんに、シシトウは輪切りにする。

2 フライパンにサラダ油を**中火**で熱し、タマネギを入れて**薄茶色になるまで**10分ほど炒める。合いびき肉を加えて焦げ目がつくくらいまで炒め、シシトウ、ニンニク、ショウガ、カレー粉を入れて炒める。

3 ヨーグルト、トマトジュース、固形スープの素を加え、煮立ったら弱火にして10分煮る。塩を加えて味を調える。ご飯とともに器に盛る。

タコライス風ドライカレー

スパイスをきかせてタコライス風に。盛りつける生野菜とご飯の量の割合によって、がっつりにもヘルシーにも。

590kcal

材料［2人分］

タマネギ … 1/2個
ピーマン … 1/2個
トマト … 1個
合いびき肉 … 150g
ニンニクすりおろし … 1/2片分

バター … 小さじ2
カレー粉 … 大さじ1
クミン（粉）… 小さじ1/3
クローブ（粉）… 小さじ1/4
水 … 200cc
固形コンソメスープの素 … 1個

ご飯 … 適量
レタスせん切り … 適量
粉チーズ（好みで）… 少々
黒コショウ（好みで）… 少々

作り方

1 タマネギ、ピーマンはみじん切り、トマトは半量を粗く刻み、半量を1.5cm角に切る。
2 フライパンにバターを中火で熱し、タマネギを入れて薄茶色になるまで10分ほど炒め、合いびき肉を加えて焦げ目がつくくらいまで炒める。
3 ピーマン、粗く刻んだトマト、ニンニク、カレー粉、クミン、クローブを入れて炒め、水、固形スープの素を加えて全体に水気がなくなるまで煮る。
4 ご飯にレタスと1.5cm角に切ったトマトをのせ、3をかける。好みで粉チーズと黒コショウを振っていただく。

ゆで大豆とひき肉のカレー

カレー粉とルーのダブル使いで、とろみもつけながら香り高く。

ゆで大豆はひよこ豆やレンズ豆など好みの豆を使っても。

799kcal

材料［2人分］

タマネギ … 1/2個
合いびき肉 … 150g
ゆで大豆 … 150g
ニンニクすりおろし … 1/2片分
ショウガすりおろし … 小さじ2
サラダ油 … 小さじ2
カレー粉 … 小さじ1
ヨーグルト（無糖）… 200cc
トマトジュース … 100cc
水 … 200cc
しょうゆ … 小さじ1
カレールー … 1皿分

ご飯 … 適量
刻んだクルミ（あれば）… 適量

しょうゆを加えると、豆の味が引き立ちます

作り方

1 タマネギはみじん切りにする。フライパンにサラダ油を中火で熱し、タマネギを入れて薄茶色になるまで10分ほど炒める。合いびき肉を加え焦げ目がつくくらいまで炒める。

2 ニンニク、ショウガ、カレー粉を入れて炒め、ゆで大豆、ヨーグルト、トマトジュース、水、しょうゆを加え、煮立ったら弱火にして10分煮る。

3 火を止めてカレールーを加えて溶かし、再び火をつけてとろみがつくまで弱火で煮る。ご飯とともに器に盛り、あればご飯の上にクルミを散らす。

おそば屋さんの和風カレー

イメージはおそば屋さんのカレー丼。
飲んだ後に食べたくなる、懐かしいおいしさのカレー。
499kcal

材料［2人分］

豚薄切り肉（ゆで肉でも可、P.15）… 3枚（75g）
長ネギ … 1本
シイタケ … 2個
スナップエンドウ … 4本
水 … 400cc
めんつゆ（3倍濃縮タイプ）… 大さじ2.5
片栗粉 … 大さじ1
カレー粉 … 小さじ2

ご飯 … 適量

作り方

1 豚肉は2㎝幅に切る。長ネギは斜め薄切り、シイタケは石づきをとって薄切りにする。スナップエンドウは筋をとって斜め半分に切る。

2 鍋に水と1を入れ、中火で5分煮てからめんつゆを入れる。

いっしょに混ぜて大丈夫

3 **片栗粉とカレー粉に水大さじ2（分量外）を加えて混ぜ**、2の鍋に入れて混ぜながらとろみをつける。器にご飯を盛り、カレーをかける。

缶詰、乾物で作る
そうは見えないおいしい一品。
買い物ができない日、
家ごもりの日に。

天気が悪かったり、なんだか疲れてしまったりして、家から出たくない日ってありますよね。とにかく忙しくて買い物ができない日も。保存性の高い缶詰や乾物があると、そんなとき、とっても便利。家にある材料に缶詰や乾物を加えるだけで、結構おいしいものができちゃいます。

ここでは私が普段常備している、サクラエビや切り干し大根などの乾

材料［1人分］

- スパゲティ … 100g
- ニンニクみじん切り … 1片分
- 乾燥サクラエビ … 大さじ3
- 万能ネギ小口切り … 1本分

- オリーブオイル … 大さじ1
- 塩 … 適量
- コショウ … 少々

好みで赤唐辛子の輪切りを入れても

作り方

1 スパゲティは1%の塩（1ℓに10g）を加えた熱湯で好みの硬さにゆでる。

2 フライパンに**ニンニク、オリーブオイルを入れて**弱火にかけ、香りが出たらサクラエビを入れて軽く炒める。

3 ゆでたスパゲティをフライパンに加え、ゆで汁大さじ1を入れてよく混ぜる。器に盛り、コショウを振り、万能ネギをのせる。

物、コーンやツナなどの缶詰を使った料理を紹介します。ほとんど皆さんのお家にもあるようなものだと思いますが、キクラゲはちょっと珍しいかも？ 99ページで紹介しているように、炒めてもいいし、スープや和え物にしてもおいしくいただける、かなりおススメの乾物です。切り干し大根はすでに切ってある大根だと思えば、用途が広がりますよ。

サクラエビのペペロンチーノ

シンプルだから、食べ飽きない。ペペロンチーノにサクラエビを加えて、見た目もおいしさもワンランクアップ。

516kcal

粒コーンとベーコンのかき揚げ

缶詰の粒コーンを買い置きしておくと、サラダや炒め物などさまざまな料理に重宝します。今回はベーコンといっしょに揚げて、メインの一品に。

334kcal

材料［2人分］

ベーコン … 2枚
粒コーン缶 … 1/2缶（60g）
万能ネギ小口切り … 2本分

市販の天ぷら粉 … 大さじ4
水 … 大さじ2

揚げ油 … 適量
塩、コショウ、ケチャップなど（好みで）… 各適量

作り方

1 ベーコンは5㎜幅の短冊切りにする。ボウルにベーコン、粒コーン、万能ネギ、天ぷら粉、水を入れてよく混ぜる。

2 揚げ油を160℃に熱し、スプーンで1のたねをすくって静かに油に落とし、**カリッとするまで**2～3分揚げる。

3 器に盛り、塩、塩＋コショウ、ケチャップなどでいただく。

菜箸で軽く叩いて乾いた音がするくらい

ツナ缶餃子

ツナなのに、なぜかお肉みたいな味わいの餃子に。

白菜は生でなく漬物を使うことで旨みがアップ。

495kcal

材料［8個分］

ツナ缶 … 小1缶(80g)
白菜の漬物 … 100g
ニンニクみじん切り
… 小さじ1/2
ショウガみじん切り
… 小さじ1/2

みそ … 小さじ1
コショウ … 少々

ノンオイルだとパサつくので、オイルが使われているものを

餃子の皮 … 8枚
サラダ油 … 小さじ1
水 … 1/3カップ

酢、しょうゆ、食べるラー油、練りからしなど(好みで)
… 各適量

作り方

1 ツナは軽く油をきり、白菜の漬物は水気を絞ってみじん切りにする。ツナ、白菜の漬物、ニンニク、ショウガ、みそ、コショウをボウルに入れて混ぜ、具を8等分して餃子の皮に包む。

2 フライパンにサラダ油を中火で熱し、餃子をくっつかないように並べる。水を注ぎ、ふたをして、中火のまま水気がほとんどなくなるまで蒸し焼きにする。

3 ふたをとって残った水気を飛ばし、焼き目がついたらできあがり。酢、しょうゆ、食べるラー油、練りからしなどでいただく。

麩チャンプルー

麩を戻す汁に顆粒鶏スープの素を入れると、
中まで味がしみておいしくなります。
食べ応えのある麩の食感で、
お肉を使わなくても満足感の高い炒め物に。

159kcal

材料［1人分］

車麩 … 1個
長ネギ … 10㎝
卵 … 1個

［麩を戻す汁］
40℃くらいの湯
… 200cc
顆粒鶏スープの素
… 小さじ1/2

ゴマ油 … 小さじ1.5
顆粒鶏スープの素
… 小さじ1/4
塩 … 小さじ1/4
コショウ … 少々

作り方

40℃の
ぬるま湯なら10分、
水なら20分くらい
他の種類の麩でもOK

1 **車麩は戻し汁につけてやわらかく戻し**、食べやすい大きさにちぎって水気を軽く絞る。長ネギは5㎜幅の斜め切りにする。
2 フライパンにゴマ油を中火で熱し、車麩と長ネギを入れて、長ネギがしんなりするくらいまで炒める。
3 卵を割りほぐして加え、全体を大きく混ぜる。卵が半熟になったら、顆粒鶏スープの素、塩、コショウで調味する。

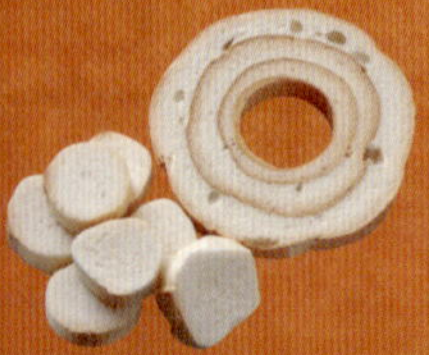

右は車麩、左は焼き麸

切り干し大根とホタテのサラダ

大根とホタテのサラダを、切り干し大根で。
カイワレ菜がなければ、万能ネギの小口切りなどを使ってもOK。

111kcal

材料［2人分］

- 切り干し大根 … 10g
- ホタテ缶 … 小1缶(70g)
- カイワレ菜 … 1/2パック
- マヨネーズ … 大さじ1.5
- しょうゆ … 小さじ1/2
- 塩 … 少々
- コショウ … 少々

作り方

1 切り干し大根は、かぶるくらいの量のぬるま湯につけて戻す。

2 **ホタテは缶汁をきって**ほぐす。カイワレ菜は根元を落とし、ざく切りにする。

3 ボウルにすべての材料を入れてよく混ぜる。

缶汁はおいしいだしになるので、みそ汁やスープ、卵焼きに使って

切り干し大根は切らなくていい、便利な大根。

切り干し大根は戻さずにそのままみそ汁の具に使ってもいいし、戻して和え物やサラダに使っても。卵焼きの具にしてもおいしくいただけます。生の大根と違って、切らなくていいのもうれしいところ。ホコリや汚れが気になる場合はサッと洗って。戻し汁もおいしいので、なるべく少ない量のお湯や水で戻して、だしとして使いましょう。

わかめのショウガ炒め

わかめは炒めてもおいしくいただけます。
もう一品何か、というときにおススメ。

91kcal

材料［1人分］

乾燥カットわかめ … 5g
ショウガせん切り … 薄切り4枚分

ゴマ油 … 小さじ2
しょうゆ … 小さじ2
顆粒鶏スープの素 … 小さじ1/4

白いりゴマ（好みで）… 少々

作り方

1 乾燥わかめはたっぷりの水でやや硬めに戻し、水気をきる。

2 フライパンにゴマ油を中火で熱し、わかめ、ショウガを入れて炒める。

3 1分ほど炒めたら、しょうゆ、顆粒鶏スープの素を入れて混ぜ、水分がなくなるまで炒める。器に盛り、好みでいりゴマを振っていただく。

キクラゲの卵炒め

あっという間の本格中華。
卵は炒め過ぎず、やわらかく仕上げるのがおいしさのコツ。
247kcal

材料［1人分］

乾燥キクラゲ … 5g
長ネギ … 1/2本
卵 … 2個

ゴマ油 … 小さじ2
塩 … 小さじ1/3
顆粒鶏スープの素 … 小さじ1/4
コショウ … 少々

作り方

時間をかけて水戻しするとプリプリやわらか。できれば前の晩から水につけて冷蔵庫へ

1 **キクラゲはたっぷりの水で戻し**、硬いところは切り落として一口大に切る。長ネギは5㎜幅の斜め切りにする。
2 フライパンにゴマ油を中火で熱し、キクラゲ、長ネギを入れて、長ネギがしんなりするまで炒める。
3 卵を割りほぐして加え、全体を大きく混ぜて塩、顆粒鶏スープの素、コショウで調味する。

ゆで牛

ぶっかけそうめん

野菜や肉など何でものせて、バランスの良い一品に。具をたっぷりのせれば、そうめん1束でも満腹感を得られます。

460kcal

材料［1人分］

- そうめん … 1束（50g）
- ミョウガ … 1個
- 大葉 … 3枚
- **ゆで牛薄切り（P.15）… 3枚**
- ゆで小松菜（あれば）… 1株
- 梅干し … 1個
- 天かす … 大さじ2

そうめんを
ゆでている熱湯に
さっとくぐらせても

- 白だし … 50cc
- 水 … 300cc

作り方

1. そうめんはたっぷりの熱湯で好みの硬さにゆで、冷水で洗い、水気をきる。
2. ミョウガは縦半分に切って斜め薄切りに、大葉はせん切りにする。白だしを水で薄めてかけ汁を作る。
3. 器にめんと具（天かす以外）を盛り、汁をかけて、天かすをのせる。

めん、ご飯は

パンチを効かせるひと工夫で
シンプルな具材でも満足感がアップ。

冷蔵庫にあるものでなんとかしたい昼や、簡単にすませたい夕飯に活躍するのが、それ一品で完結する、めんやご飯。一品ですませるからには、炭水化物だけでなくたんぱく質や野菜もいっしょにとれるように、栄養バランスにも気をつけたいものです。おなかがいっぱいになるだけではなく、気持ちも満足するような一品をめざしましょう。

たくさんの具が入っていれば、もちろん言うことなしですが、シンプルな具材で作りたい場合には、ショウガやニンニク、唐辛子などを使ってパンチを効かせると満足感がアップします。

ちなみにチャーハンを作るときは、へらを寝かせて押し付けるようにしながら混ぜると、お米の形がこわれずパラッと仕上がります。

ソース&しょうゆの焼きうどん

ソースとしょうゆのダブル使いで、スパイシーさと旨みの両方が味わえます。ゆで肉やもやし、キャベツなど、お好みの具で作ってみて。

503kcal

材料［1人分］

長ネギ … 1/2本
ベーコン … 1枚
卵 … 1個
ゆでうどん … 1玉

サラダ油 … 小さじ2
中濃ソース … 大さじ1/2
しょうゆ … 大さじ1/2

コショウ、マヨネーズ(好みで)… 各適量

作り方

1 長ネギは斜め薄切り、ベーコンは5㎜幅の短冊に切る。好みの硬さの目玉焼きを作っておく。

2 フライパンにサラダ油を中火で熱し、長ネギとベーコンを入れて炒め、長ネギがしんなりしたらうどんを入れて炒める。

3 **うどんがほぐれたら**、ソース、しょうゆで調味する。器に盛り、目玉焼きをのせ、好みでコショウを振り、マヨネーズを添える。

あらかじめお湯をかけてほぐしておくと、炒めやすい

鶏南蛮うどん

ゆでうどんを使えば、鍋一つでOK。
きしめん、稲庭、さぬきなど、好みの太さのうどんでどうぞ。
430kcal

材料［1人分］

長ネギ … 10㎝
鶏もも肉 … 1/4枚
ゆでうどん … 1玉

水 … 300cc
めんつゆ（3倍濃縮タイプ）… 大さじ2

ゆずの皮（あれば）… 少々

作り方

1 長ネギは、2㎝くらいのぶつ切りにする。鶏肉は3㎝角に切る。
2 鍋に水と1を入れて中火で煮立て、10分煮る。
3 めんつゆを入れ、うどんを入れて、うどんがあたたまるまで煮る。器に盛り、あればゆずの皮をのせる。

辛いチャーシュー和えめん

〝油そば〟風のピリ辛和えめんは、豪快に混ぜていただくのがおススメ。細めのうどんでもおいしくできます。好みで酢や塩・コショウなどをかけても。

472kcal

材料［1人分］

チャーシュー … 2枚
万能ネギ … 2本
中華生めん … 1玉

食べるラー油 … 小さじ1.5
ゴマ油 … 小さじ1
しょうゆ … 小さじ1/2

作り方

1 チャーシューは短冊切りに、万能ネギは2㎝幅くらいの斜め切りにする。

2 中華めんはたっぷりの熱湯で好みの硬さにゆでて、ゆで汁をきって器に盛る。

3 1の具をのせ、食べるラー油、ゴマ油、しょうゆをかけ、**全体をよく混ぜていただく**。

時間がたつと
めんがくっつきやすくなるので、
すぐ混ぜ、すぐ食べて

油揚げときのこのしょうゆ焼きそば

あっさりしょうゆ味にバターのコクをプラスした
和風の焼きそばです。

520kcal

材料［1人分］

焼きそば … 1玉
油揚げ … 1/2枚
長ネギ … 1/2本
シメジ
… 1パック（100g）

酒 … 大さじ2
バター … 大さじ1
しょうゆ … 大さじ1
コショウ（好みで）… 少々

紅ショウガ … 少々

シイタケやエノキ、
マイタケなど、好みのキノコで

作り方

1 焼きそばは酒をかけてほぐしておく。油揚げは5㎜幅の短冊切り、長ネギは5㎜幅の斜め切りにする。シメジは石づきをとってほぐす。

2 フライパンにバターを入れて中火で溶かし、油揚げ、長ネギ、シメジをしんなりするまで炒める。

3 めんを入れてほぐし炒め、しょうゆで調味する。好みでコショウを加えても。器に盛り、紅ショウガをのせる。

レンジで作る牛ごぼうめし

電子レンジでチンした具材を混ぜるだけのラクチン混ぜご飯。多めに作って冷凍しても。

590kcal

材料［2杯分］

牛薄切り肉 … 100g
ごぼう（細いもの）… 1本（60g）

砂糖 … 大さじ1
しょうゆ … 大さじ2

ご飯 … 400g
紅ショウガ … 適量

ささがきよりも歯応えがあっておいしい

作り方

1 牛肉は1㎝幅に切る。ごぼうはたわしでこすって洗い、**縦半分に切ってなるべく薄く斜めに切る**。
2 耐熱容器に牛肉、ごぼう、しょうゆ、砂糖を入れ、ラップをかけてレンジ強（500w）で3分加熱する。
3 ご飯を加えてよく混ぜ、器に盛って、紅ショウガを添える。

ニンニクとほうれん草の塩チャーハン

ほうれん草のキレイな緑色を活かした塩味のチャーハン。チャーハンにはあたたかいご飯を使うと、簡単にほぐれます。

543kcal

ゆでほうれん草の場合は
みじん切りにしてから
よく水気を絞る

材料［1人分］

- ほうれん草（ゆでほうれん草でも可、P.13）… 3株
- 卵 … 1個
- ニンニクみじん切り … 1片分
- ご飯 … 200g

- ゴマ油 … 大さじ1（小さじ1＋小さじ2）
- 塩 … 小さじ1/3
- 顆粒鶏スープの素 … 小さじ1/4
- コショウ … 少々

作り方

1. ほうれん草はみじん切りにする。フライパンにゴマ油小さじ1を入れて中火で熱し、割りほぐした卵を入れて大きくかき混ぜ、半熟になったら取り出しておく。
2. 1のフライパンにゴマ油小さじ2を入れて中火で熱し、ニンニク、ほうれん草を中火で炒める。
3. ほうれん草に火が通ったらご飯を入れて炒め合わせ、塩、顆粒鶏スープの素、コショウで調味する。卵を戻し、全体を炒め合わせる。

ショウガ焼き飯

チャーハンと言うよりは焼き飯と呼びたい、しょうゆ味の炒めご飯。たっぷり入れたショウガの香りと豚肉の組み合わせにスプーンがすすみます。

527kcal

材料［1人分］

豚薄切り肉（ゆで豚でも可、P.15）… 40g
ショウガせん切り … 1/4片分（20g）
長ネギ小口切り … 少々
ご飯 … 200g

ゴマ油 … 小さじ2
しょうゆ … 小さじ2
七味唐辛子（好みで）… 少々

作り方

1 豚肉は1㎝幅の短冊切りにする。
2 フライパンにゴマ油を中火で熱し、**ショウガ、豚肉を炒め**、豚肉に火が通ったらご飯を入れて炒める。
3 ご飯がほぐれたら**強火にしてしょうゆを入れ**、色が均一になるように混ぜる。器に盛り、長ネギをのせ、好みで七味唐辛子を振る。

ゆで豚を使う場合はショウガをよく炒めてから（2分くらい）肉を入れる

しょうゆが少し焦げるくらいがおいしい

ふんわりパエリア

お米がアルデンテの
本格パエリアではなく、
ふんわりしたパエリア風の炊き込みご飯。
パエリアをおいしく作るコツは、
魚介類と肉類を必ず両方入れること！

1485kcal

材料［3～4人分］

- 米 … 2合
- アサリ（冷凍アサリでも可）… 10粒
- 鶏もも肉 … 1/4枚
- パプリカ … 1/4個
- タマネギみじん切り … 1/4個分
- ニンニクみじん切り … 1片分
- トマト … 1/2個

- 水 … 400cc
- サフラン … 小さじ1/4
- オリーブオイル … 大さじ2
- 固形コンソメスープの素 … 1個
- 塩 … 小さじ1/2

- パセリのみじん切り … 適量
- レモン（好みで）… 適量

作り方

1 米はといでザルにあげ、水気をきる。ボウルに水とサフラン、といだ米を入れ、30分つける。アサリは砂出しをしておく。鶏もも肉は3㎝角に、パプリカは1㎝幅に切る。固形スープの素は刻んでおく。

2 フライパンにタマネギ、ニンニク、オリーブオイルを入れて中火で熱し、タマネギが透き通るまで炒める。鶏肉、アサリを入れ、鶏肉の色が変わるまで炒める。

3 米をつけ汁ごと加え、固形スープの素、塩を全体に振り入れ、パプリカを散らす。煮立ったらふたをして、**弱火で12分炊く**。

お焦げを作りたい場合はさらに2～3分炊く

4 火を止め、くし型に切ったトマトを散らし、ふたをして10分蒸らす。パセリを振り、好みでレモン汁を絞っていただく。

ご飯ものは多めに作って冷凍しておくとラクチン！

炊き込みご飯や混ぜご飯を1食分だけ作るのは、手間も時間ももったいないし、おいしくできません。多めに作り、残ったら1食分ずつ小分けにして、冷凍しておきましょう。保存容器が足りない場合は、一度保存容器に詰めて形を整えてからラップに出して包み、冷凍保存用の袋に入れて冷凍を。1カ月くらい保存できるので、好きなときに解凍して食べられます。

最近は3枚入りの食パンも売られていますが、6枚切りや8枚切りの食パン1斤や、フランスパン1本を買ってしまうとなかなか食べきれません。今日、明日で食べない分は、パンも冷凍してしまいましょう。食パンは1枚ずつラップにくるんで、フランスパンは切ってからラップにくるみ、冷凍保存用の袋などに入れて冷凍庫へ。冷凍庫から出せばすぐ解凍できますし、凍ったままトースターに入れても大丈夫です。

　フランスパンは水分が少ないので滅多にカビませんが、そのまま置いておくとどんどん乾燥します。たとえばフレンチトーストにすれば、少々硬くなったパンもおいしく食べられます。36ページで紹介したよう

フレンチトースト

硬くなったパンを生き返らせることから、フランスでは「失われたパン」と呼ばれているフレンチトースト。フライパンにふたをして焼けば、ふっくらふわふわ。

317kcal

材料［2人分］

フランスパン
… 2cmの厚さのもの6切れ分
卵 … 1個
牛乳 … 100cc

バター … 大さじ1/2
メープルシロップ … 適量

砂糖を入れないので、ハムやチーズをのせて食べても

作り方

1 フランスパンは2cmの厚さに切る。卵と牛乳を混ぜ、フランスパンにしみ込ませる。
2 フライパンにバターを中火で溶かし、フランスパンを並べて入れる。
3 片面に焦げ目がついたら裏返し、ふたをして1分～1分半焼く。器に盛り、メープルシロップをかけていただく。

に、切って乾燥させたパンをスープに入れて食べるのもオススメです。

パンは1斤、1本で買って冷凍しておけば、ムダなく食べきれます。

変わりトースト3種

いつものトーストに飽きたら、
こんなトーストはいかが？
和風の調味料も、
じつは食パンによく合います。

みそトースト＋スクランブルエッグ

278kcal

材料［1人分］

- 食パン … 1枚　好みの厚さの食パンで
- 卵 … 1個
- みそ … 小さじ1
- バター … 小さじ1
- 牛乳 … 小さじ1
- 塩・コショウ … 各少々
- 万能ネギ小口切り（好みで）… 少々

作り方

1 食パンにみそを塗り、トーストする。

2 卵に牛乳、塩、コショウを加え、バター小さじ1をフライパンで溶かし、スクランブルエッグを作る。

3 1にスクランブルエッグをのせ、好みで万能ネギを散らす。

しょうゆチーズトースト

292kcal

材料［1人分］

- 食パン … 1枚
- しょうゆ … 小さじ1
- ピザ用チーズ … 30g
- 万能ネギ小口切り … 少々
- 黒コショウ（好みで）… 少々

作り方

1 食パンにしょうゆを塗り、チーズをのせてトーストする。

2 チーズが溶けたら好みで黒コショウを振り、万能ネギを散らす。

たらマヨトースト

287kcal

材料［1人分］

- 食パン … 1枚
- たらこ … 大さじ1
- マヨネーズ … 大さじ1
- タマネギみじん切り … 大さじ2
- 黒コショウ … 少々

作り方

1 たらこ、マヨネーズ、タマネギを混ぜてたらこマヨネーズを作る。

2 パンにたらこマヨネーズを塗ってトーストし、黒コショウを振る。

ホットサンド
ハムチーズ・卵マヨ

ホットサンド焼き器がなくても、フライパンで簡単にホットサンドが作れます。

ここではハムチーズと卵マヨの2種類を作りましたが、全部一度にはさんで焼いてもOK。

328kcal（ハムチーズ）・317kcal（卵マヨ）

材料［各1人分］

［ハムチーズ］
サンドイッチ用のパン … 2枚
ハム … 2枚
溶けるタイプのスライスチーズ … 1枚
コショウ … 少々
バター … 小さじ1

［卵マヨ］
サンドイッチ用のパン … 2枚
ゆで卵 … 1個
マヨネーズ … 小さじ2
塩・コショウ … 各少々
バター … 小さじ1

パセリ（あれば）… 少々

作り方

1 ［ハムチーズ］パンにハムとチーズをはさむ。はさむときに中の具材にコショウを振る。
［卵マヨ］ゆで卵は殻をむいて粗みじんに切り、マヨネーズ、塩、コショウを混ぜて卵マヨを作り、パンにはさむ。
2 フライパンにバターを中火で溶かし、弱火で1の両面を焦げ目がつくまで焼く。
3 食べやすく切って、器に盛り、あればパセリを添える。

両面にこれくらい焦げ目がつけば、中身の具材があたたまっているサイン。

甘いものを
ちょっと食べたいとき、
こんな保存食があると便利です。

無性に甘いものを食べたくなることが、たま～にあります。そういう日に限って家に何にもないんですよね。そんなときのために作っておきたい保存食や、市販の保存食で簡単に作れる、ちょっとした甘いものを集めました。

煮るだけのジャムは、ホントにおなじみの果物を煮るだけ。時間もそんなにかかりません。アツアツの状態でキレイに洗ったビンに入れ、ふたを閉めて一度ひっくり返せば、煮沸と同じ効果があるので、そのまま保存ができます。

フルーツは食べやすい大きさに切って冷凍しておくと、そのままおいしいおやつに。121ページのフルーツ牛乳&ラッシーは、ぜひ冷凍フルーツで。氷を入れなくてよいので薄まらず、おいしくいただけます。

イチゴは煮過ぎると色が悪くなるので注意。キレイなルビー色の状態で火を止めて。上手にできたらカワイイ容器に入れて、プレゼントにしても。

煮るだけかんたんジャム
イチゴジャム・リンゴジャム

市販のジャムのような硬さのない、ゆる〜いジャム。
ヨーグルトやアイスクリームにかける
フルーツソースとしても使えて便利。
851kcal(イチゴ)・718kcal(リンゴ)

材料［作りやすい分量］

［イチゴジャム］
小粒のイチゴ … 1パック(250g)
砂糖 … 200g

旬の時期になると、規格外の小粒のイチゴがジャム用として比較的安く売っています

［リンゴジャム］
リンゴ … 1個(300g)
砂糖 … 150g
レモン汁 … 大さじ1

アルミの鍋を使うと果物の酸でアルミが変質するので注意

作り方

1 ［イチゴ］イチゴはへたをとる。**ホーローかステンレスの鍋に入れ**、**砂糖を振りかけて混ぜ**、30分おく。
［リンゴ］リンゴは皮と芯をとり、1.5cm角に切る。ホーローかステンレスの鍋に入れ、砂糖、レモン汁を振りかけて混ぜ、30分おく。

水分が出てくるので、火にかけたときに焦げつきにくい

2 ふたをして中火にかけ、煮立ったらそのまま、たつ泡の直径が2〜3cmの大きさになるまで6〜8分くらい煮る。

冷凍フルーツドリンク
バナナ牛乳・キウイラッシー

冷凍しておいたフルーツと牛乳やヨーグルトをミキサーにかけるだけ。フルーツは生でもＯＫですが、冷凍フルーツを使えば氷を入れなくてもひんやり。

194kcal（バナナ牛乳）・176kcal（キウイラッシー）

モモ＋牛乳、マンゴー＋ヨーグルトなど、いろいろな組み合わせを試してみて

材料［各１人分］

［バナナ牛乳］

バナナの冷凍
… 2㎝幅に切ったもの4個
牛乳 … 200cc
砂糖 … 小さじ2

低脂肪乳を使うとさっぱり味に

［キウイラッシー］

キウイの冷凍
… 一口大に切ったもの1/2個分
ヨーグルト（無糖） … 200cc
水 … 100cc
砂糖 … 小さじ2

作り方

材料をすべてミキサーに入れ、フルーツの形がなくなるまで回す。

ピーナッツバターもち

ちょっと小腹がすいたときのおやつに、おもちは大活躍。定番はきなこですが、ピーナッツバターもコクのあるおいしさです。

427kcal

材料［1人分］

切りもち … 2切れ
ピーナッツバター … 大さじ2

作り方

1 **切りもちは1個を4等分に切る。**

面倒なら切らなくてもOK

2 **鍋にもちと水（適量）を入れて中火にかけ**、煮立ったら弱火でやわらかくなるまでゆでる。

水からゆでると、まわりが溶ける前に中までやわらかくなります

3 ゆで汁をきり、ピーナッツバターで和える。あれば、刻んだピーナッツを加えると歯応えがアップ。

冷たいアジア風お汁粉

ココナッツミルクを使った、エスニックなお汁粉。アイスクリームや白玉を加えれば、ちょっとリッチなデザートに。

736kcal

材料［作りやすい分量］

ゆであずき缶 … 小1缶（200g）
ココナッツミルク … 200cc

作り方

1 **ゆであずき缶とココナッツミルクを混ぜる**。

ココナッツミルクが残ったらカレーに入れても

混ぜた後に冷蔵庫で冷やしてもおいしい

素材別さくいん

野菜・いも・果物

イチゴ
イチゴジャム……120
インゲン
エビとインゲンのゴマ和え……22
オクラ
〝なんでも〟春巻き
　トマト＋チーズ＋オクラ……17
ゆで鶏とオクラのゴマサラダ……10
カブ
牛すじとカブのポトフ……35
カボチャ
カボチャのオリーブオイル焼き……18
キウイ
キウイラッシー……121
キャベツ
キャベツと豚肉のトマトスープ……36
キュウリ
イカとキュウリの中華和え……57
レンジポテサラ……9
ごぼう
牛肉とごぼうの和風サラダ……14
ひらひら豚肉の柳川……73
レンジで作る牛ごぼうめし……107
小松菜
小松菜とゆで鶏のからし和え……22
五目野菜ナムル……24
里いも
牛すじと里いもの甘辛煮……83
シイタケ
おそば屋さんの和風カレー……91
お二人様おでん……32
五目野菜ナムル……24
シシトウ
イカとシシトウのショウガ炒め……59
ひき肉ヨーグルトカレー……88
シメジ
油揚げときのこのしょうゆ焼きそば……106
豆腐ときのこのバターしょうゆ焼き……65
ジャガイモ
ジャガイモの塩辛のせ……20
ジャガイモの塩昆布和え……20
ジャガ明太マヨネーズ……20
〝なんでも〟春巻き(ポテトサラダ)……17
レンジポテサラ……9
春菊
お二人様おでん……32
ゆで豚と野菜のピリ辛サラダ……12
スナップエンドウ
おそば屋さんの和風カレー……91
セリ
厚揚げとセリの豆乳スープ……39
セロリ
エビの殻だしスープ……56
カジキマグロの香り蒸し……49
大根
釜揚げ風しらす丼……50
大根と豚肉の重ね蒸し……29
タマネギ
イカメンチ……58
お二人様おでん……32
カジキマグロのパン粉揚げ……46
トマトカレー……86
豚肉とタマネギのケチャップ炒め……71
トマト・プチトマト
お二人様おでん……32
タコライス風ドライカレー……89
〝なんでも〟春巻き
　トマト＋チーズ＋オクラ……17
半生イカとトマトの中華風サラダ……11
ふんわりパエリア……110
長いも
牛たたきの長いも和え……78
長いもホワイトソースの和風グラタン……30
長ネギ
油揚げのピザ……28
おそば屋さんの和風カレー……91

カジキマグロの香り蒸し …… 49
キクラゲの卵炒め …… 99
塩ネギやっこ …… 61
ソース&しょうゆの焼きうどん …… 102
長いもホワイトソースの和風グラタン …… 30
ネギとベーコンの麩入りスープ …… 38
麩チャンプルー …… 96

ナス
トマトカレー …… 86
鶏ひき肉とナスの田舎煮 …… 72

ニンジン
五目野菜ナムル …… 24

白菜
ちぎりひき肉と白菜のスープ …… 70

バナナ
バナナ牛乳 …… 121

ほうれん草
ニンニクとほうれん草の塩チャーハン …… 108

ミョウガ
牛たたきのサラダ …… 78
ぶっかけそうめん …… 100

もやし
五目野菜ナムル …… 24
ゆで豚と野菜のピリ辛サラダ …… 12

リンゴ
リンゴジャム …… 120

肉

鶏肉
お二人様おでん(手羽元) …… 32
小松菜とゆで鶏のからし和え(もも) …… 22
手羽先のオーブントースター焼き …… 26
豆腐入り肉団子のタレ焼き(ももひき肉) …… 62
トマトカレー(もも) …… 86
鶏南蛮うどん(もも) …… 103
鶏ひき肉とナスの田舎煮 …… 72
鶏ワンタン(ももひき肉) …… 34
ふんわりパエリア(もも) …… 110
ゆで鶏とオクラのゴマサラダ(もも) …… 10

豚肉
おそば屋さんの和風カレー …… 91
キャベツと豚肉のトマトスープ …… 36
ショウガ焼き飯 …… 109
大根と豚肉の重ね蒸し …… 29
ちぎりひき肉と白菜のスープ …… 70
ひらひら豚肉の柳川 …… 73
豚肉とタマネギのケチャップ炒め …… 71
豚ひき肉の高菜炒め …… 74
ゆで豚と野菜のピリ辛サラダ …… 12

牛肉
牛すじとカブのポトフ …… 35
牛すじと里いもの甘辛煮 …… 83
牛すじの赤みそシチュー …… 82
牛すじの韓国風スープ …… 80
牛たたきのオードブル風 …… 78
牛たたきのサラダ …… 78
牛たたきの長いも和え …… 78
牛肉とごぼうの和風サラダ …… 14
牛肉のたたき …… 76
ぶっかけそうめん …… 100
レンジで作る牛ごぼうめし …… 107

合いびき肉
タコライス風ドライカレー …… 89
ひき肉ヨーグルトカレー …… 88
ゆで大豆とひき肉のカレー …… 90

ハム・ソーセージなど

辛いチャーシュー和えめん …… 104
ソース&しょうゆの焼きうどん(ベーコン) …… 102
粒コーンとベーコンのかき揚げ …… 94
ネギとベーコンの麩入りスープ …… 38
ホットサンド ハムチーズ …… 116
レンジポテサラ(ハム) …… 9

魚介

イカ
イカとキュウリの中華和え……57
イカとシシトウのショウガ炒め……59
イカの半生ゆで……53
イカメンチ……58
スルメイカのイタリア風炒め……27
半生イカとトマトの中華風サラダ……11

エビ
エビ玉チリソース炒め……54
エビとインゲンのゴマ和え……22
エビの殻だしスープ……56
長いもホワイトソースの和風グラタン……30
焼きエビ……53

鮭・鯛・ブリほか
カジキマグロの香り蒸し……49
カジキマグロのパン粉揚げ……46
鮭と厚揚げのみそ煮……42
鮭のガーリックオイル焼き……43
鯛の塩焼き……48
鯛の煮付け……40
ブリの照り焼き……44
ブリのゆずこしょう焼き……45
ふんわりパエリア(アサリ)……110

しらす
油揚げのピザ……28
釜揚げ風しらす丼……50
中日めん……51

卵・乳製品

卵
エビ玉チリソース炒め……54
キクラゲの卵炒め……99
豆腐の甘い卵とじ……64
〝なんでも〟卵巻き……16
ニンニクとほうれん草の
塩チャーハン……108
ひらひら豚肉の柳川……73
麩チャンプルー……96
フレンチトースト……112
ホットサンド　卵マヨ……116
みそトースト+スクランブルエッグ……114
ゆで卵のみそ和え……22

牛乳・ヨーグルト
キウイラッシー……121
バナナ牛乳……121
ひき肉ヨーグルトカレー……88

チーズ
油揚げのピザ……28
コンビーフと
カッテージチーズのパテ風……25
しょうゆチーズトースト……114
〝なんでも〟春巻き
トマト+チーズ+オクラ……17
ホットサンド　ハムチーズ……116

豆腐・大豆製品

豆腐
お二人様おでん……32
牛すじの赤みそシチュー……82
塩ネギやっこ……61
豆腐入り肉団子のタレ焼き……62
豆腐ときのこの
バターしょうゆ焼き……65
豆腐の甘い卵とじ……64

厚揚げ
厚揚げとセリの豆乳スープ……39
鮭と厚揚げのみそ煮……42

油揚げ
油揚げときのこのしょうゆ焼きそば……106
油揚げのピザ……28

豆乳
厚揚げとセリの豆乳スープ……39
豆乳粥……66

大豆
ゆで大豆とひき肉のカレー……90

缶詰・乾物・塩蔵品・その他

お二人様おでん（さつま揚げ）……32
キクラゲの卵炒め……99
キャベツと豚肉のトマトスープ
（トマトジュース）……36
牛すじの赤みそシチュー
（こんにゃく）……82
牛たたきのサラダ（乾燥カットわかめ）…78
切り干し大根とホタテのサラダ
（切り干し大根、ホタテ缶）……97
コンビーフと
カッテージチーズのパテ風……25
サクラエビのペペロンチーノ
（乾燥サクラエビ）……92
ジャガイモの塩辛のせ（イカの塩辛）……20
ジャガイモの塩昆布和え……20
ジャガ明太マヨネーズ
（明太子）……20
たらマヨトースト（たらこ）……114
中日めん（さつま揚げ）……51
ツナ缶餃子（ツナ缶、白菜の漬物）……95
粒コーンとベーコンのかき揚げ
（粒コーン缶）……94
冷たいアジア風お汁粉
（ゆであずき缶、ココナッツミルク）…123
トマトカレー（トマトソース缶）……86
ネギとベーコンの麩入りスープ（麩）……38
ピーナッツバターもち……122
豚ひき肉の高菜炒め（刻み高菜）……74
麩チャンプルー（車麩）……96
ぶっかけそうめん（梅干し、天かす）……100
わかめのショウガ炒め
（乾燥カットわかめ）……98

米・めん・パン・もち

油揚げときのこのしょうゆ焼きそば……106
おそば屋さんの和風カレー……91
釜揚げ風しらす丼……50
辛いチャーシュー和えめん……104
牛たたきのオードブル風（食パン）……78
サクラエビのペペロンチーノ……92
ショウガ焼き飯……109
しょうゆチーズトースト……114
ソース&しょうゆの焼きうどん……102
タコライス風ドライカレー……89
たらマヨトースト……114
中日めん……51
豆乳粥……66
トマトカレー……86
鶏南蛮うどん……103
〝なんでも〟卵巻き
（ソース焼きそば）……16
ニンニクとほうれん草の
塩チャーハン……108
ひき肉ヨーグルトカレー……88
ピーナッツバターもち……122
ぶっかけそうめん……100
フレンチトースト……112
ふんわりパエリア……110
ホットサンド ハムチーズ・卵マヨ……116
みそトースト＋スクランブルエッグ……114
ゆで大豆とひき肉のカレー……90
レンジで作る牛ごぼうめし……107

アートディレクション・本文デザイン
………細山田デザイン事務所
撮影………貝塚 隆
スタイリング………大畑純子
原稿作成………横田悦子
エネルギー計算………江沢いづみ
調理アシスタント………石川葉子
企画・編集………シーオーツー（松浦祐子）

著者　瀬尾幸子（せお・ゆきこ）

料理研究家。得意なメニューは、外食では食べられない「どうってことないけど、食べてくたびれない、簡単でおいしい」もの。「なんだか飲みたくなる、おつまみにもおかずにもなる」一品。自身の経験から編み出した、そんなメニュー本『一人ぶんから作れるラクうまごはん』（小社刊）が支持をうけ、この2冊目が発行に。『おつまみ横丁』（池田書店）、『かけごはん100』『みその料理帳』（ともに主婦と生活社）など著書多数。2匹の猫、ぽいちゃん、しまちゃんと暮らしている。

一人ぶんから作って、食べて、ほっとする　もっとラクうまごはん

著　者　瀬　尾　幸　子
発行者　富　永　靖　弘
印刷所　公和印刷株式会社

発行所　東京都台東区台東4丁目7　株式会社　新星出版社
〒110-0016　☎03(3831)0743　振替00140-1-72233
URL http://www.shin-sei.co.jp/

ISBN978-4-405-09249-5